マーケティング戦略コンサルタント
Takahisa Nagai
永井孝尚

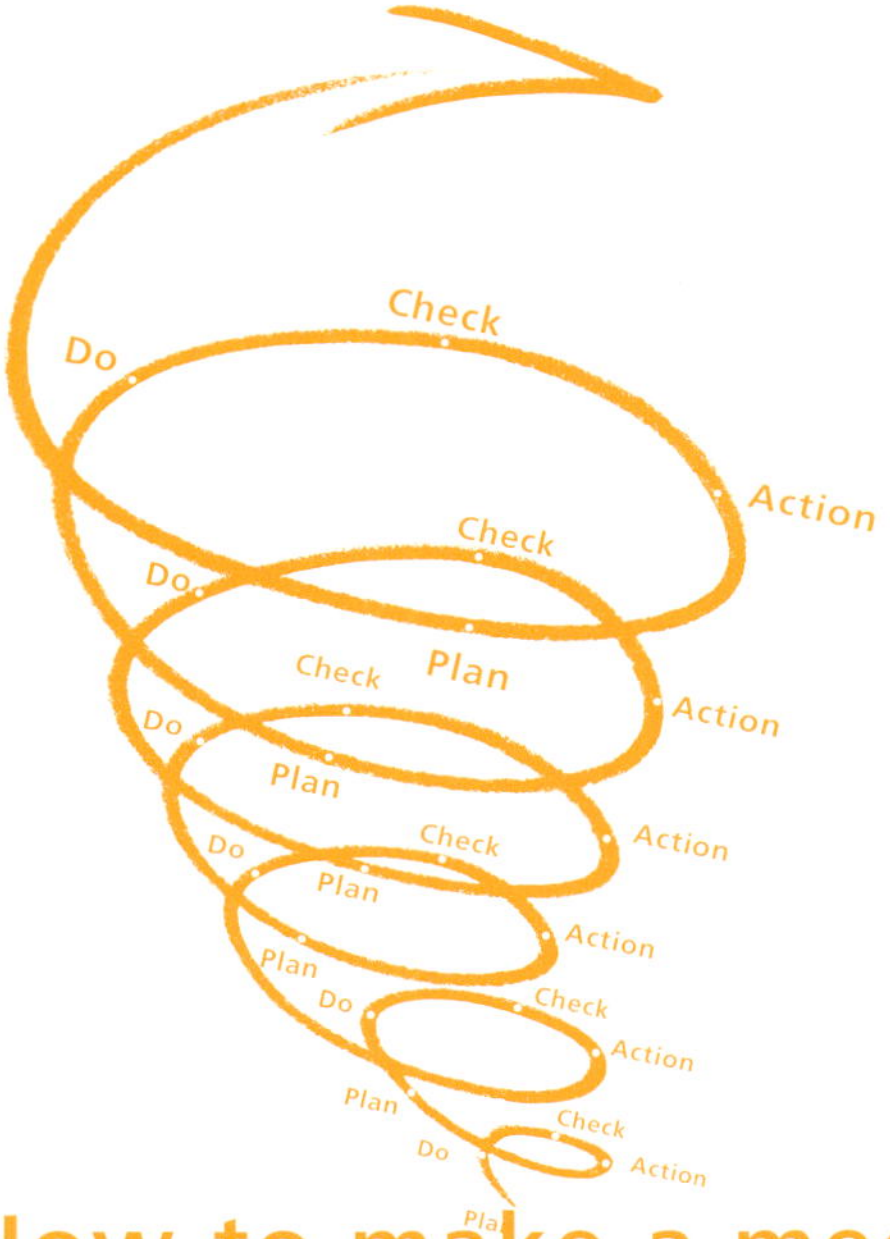

How to make a mechanism to sell

売れる仕組みをどう作るか

トルネード式 仮《P》説《D》検《C》証《A》

幻冬舎

売れる仕組みをどう作るか

トルネード式 仮説検証《PDCA》

はじめに　もっとワガママかつ合理的に仕事をすれば、売上はついてくる

たった20年間で、日本経済は1／3に縮小してしまった。

日本のビジネスパーソンは、誰もが真面目で誠実。日々忙しく仕事しているのに、日本経済は低迷している。最近は現場でムリを重ねた結果、次々と不祥事も出てくる始末だ。

仕事の現場でも、「なかなか売れない」「行き詰まっている」「失敗が許されない」「閉塞感がある」「仕事が辛《つら》い」と苦しむビジネスパーソンも多い。

なぜこうなってしまうのか？

それは日本の多くの組織が「衰退パターン」に陥り、判断停止しているからだ。

正論が通らない、危機意識なき仲良し組織になっている。そして成果が挙がらないことを一生懸命やっている。

一方で海外や日本には「成長パターン」で元気な組織も少なくない。

彼らは常に危機感を持ち、「解決すべき問題」が明確だ。そして合理的に考え、最短距離で問題解決を図っている。個人の想《おも》いも大切にし、そこで働く人たちもやりがいを持って仕事をしている。

本書の提案は、『衰退パターン』から『成長パターン』に変わろう」ということだ。海外から学ぶ一方、すべてを海外流にするのではなく、日本ならではの良さも活《い》かす。

そのきっかけは、身近にある。

一人一人の行動。まずは「あなた自身」だ。

他人を変えるのは難しい。組織だとなおさらだ。

しかしあなた自身の行動は、あなたの考え次第で変えられる。

まずあなた自身の行動を変えることが、結果的にあなたの組織を変えることにつながる。

そこで私が提案したいのが「トルネード式仮説検証」だ。私が自分の経験やお客様企業との協業を通じて得た学びや経験をもとにまとめた、新商品の立ち上げなどの新しいことに挑戦することで「成長パターン」を実現するための方法論だ。

想定読者は、「仕事でもっと成果を出したい」と考える人たちだ。主に30～40代のチームリーダーやマネージャーだが、20代の若手やシニアで「もっと成果を挙げたい」という人も対象だ。

単なる「仮説検証」ではない。あなた自身が心の底に持つ「コレやりたい！」という想いを原動力に、極力ムダなことはせず、ムリなガマンもせず、スピーディに「あるべき姿」を実現していく考え方だ。

しかし「仮説検証」というと、「なんだ。よく聞くあのＰＤＣＡか……」と思われることが多いかもしれない（ＰＤＣＡとはPlan〔計画〕、Do〔実行〕、Check〔確認〕、Action〔改善〕の頭文字を取ったものだ）。

ＰＤＣＡの問題は、ともすると、何を目指すのかというヴィジョン＝「あるべき姿」がないまま、ひたすら愚直に改善に邁進《まいしん》してしまうことにある。日本人は、改善努力を積み重ねることを重視する。その努力自体は尊い。しかし「頑張って徹底的に改善努力をしました。でも売れませんでした」では残念だ。そんな組織は「衰退パターン」に陥っていることも多い。
「トルネード式仮説検証」は「そもそも何を目指すのか？」という方向性を決めた上で、ＰＤＣＡを大幅に簡略化し、さらにビジネスの現場で実践できる具体的な方法論として体系化したものだ。その出発点は、個々のビジネスパーソンだ。

ビジネスパーソン一人一人が「コレやりたい！」という強い想いを持って仕事に取り組み、日々の仕事で仮説検証を正しく実行すれば、組織は「成長パターン」になる。正しく勉強すれば、結果としてテストで良い点が取れるのと同じように、「成長パターン」になれば、結果として売上が上がる。

逆にただ手段を選ばずに売上だけを追いかけると、勉強せずにテストで良い点を取ろうとするのと同じで、必ず行き詰まる。中にはカンニングする者が出るように、不祥事に手を染める会社も出てくる。そんな仕事にやりがいを感じる人はいないだろう。「あるべき姿」を追い求め、仮説検証を正しく実行することで、仕事を「成長パターン」に変えよう。そうやって取り組む仕事は、結果的に売上も上がり、かつ、面白くやりがいがあるものになる。

この「トルネード式仮説検証」の本質は、「失敗からの学び」だ。

「コレやりたい！」という新しいことに挑戦し、失敗から学び続ければ、成長していく。

「トルネード式仮説検証」に取り組むと、「失敗の考え方が変わった」という人が多い。

「以前は仕事を辛く感じていましたし、失敗すると『ヤバい』と思っていました。今は失敗しても、『よし。成功までのステップの一つだ』と考えが前向きになりました。仕事もどんどん面白くなってきました」

私の周りでは、このように変わっていく人が増え続けている。

多くの日本人は、個人がやりたいと思うことを抑えて、組織の論理に真面目に従っている。しかし世の中の変化が激しくなった今、これでは衰退が加速する一方だ。もっと自分本位に、ワガママで合理的に仕事に取り組むことが求められる時代になった。

そしてムダなことをせずにスピーディに「コレやりたい！」を実現すべきだ。

その方法が「トルネード式仮説検証」なのだ。

もっとワガママかつ合理的に仕事をすれば、必ず日本の組織は良くなる。

本書は4章構成になっている。

第1章はトルネード式仮説検証の背景。「今すぐトルネード式仮説検証の方法を知りたい」という人は、第1章は飛ばしても構わない。

第2章が本書のエッセンス。トルネード式仮説検証の具体的な進め方だ。

第3章は成長企業3社へのインタビュー。まったく異なる3社がいずれも個人の想いと現場を重視し、常に事実に基づき、仮説検証で学び続けていることがわかるはずだ。

第4章は問題と対応策。職場でトルネード式仮説検証を行おうとすると様々な壁に直面するが、それらは克服可能だ。現実に即して説明する。

では第1章「衰退する組織、成長する組織」からはじめよう。

目次

第2章 トルネード式仮説検証の進め方

第3章 「成長パターン」企業の取り組み

02 日本マクドナルド株式会社 154

第1章

衰退する組織、成長する組織

「上が企画を却下するから、新しいことができない」という悩み

ある大企業の社員から、こんな相談を受けた。

「現場でアイデアを出して、上に新企画を提案しても却下されて、なかなか新しいことができないんですよね」

この話を聞いて思い出したことがあった。

現在、国内の自動お掃除ロボット市場では、2002年に登場した米国アイロボット社の「ルンバ」が圧倒的なシェアを占めている。

しかしある国内家電メーカーも早い時期にロボット掃除機を企画していたそうだ。ところが役員会に企画を持っていったところ、役員から「仏壇にぶつかって、ロウソクが倒れて火事になったら、どうするんだ?」という反対意見が出て、企画は中止になってしまったという。

「今さら仏壇?」と思うのは私だけではないだろう。確かに大企業の役員は年配者が多いので、自宅に仏壇があるかもしれないが、自動お掃除ロボットを使うようなユー

ザーの家庭にはあまりないだろう。

100%の安全性を重視しあらゆる要望に完璧に応えようと考えた結果、貴重な商品化のタイミングを逸《いっ》しているのだ。

そして最大の問題は、一つ一つお上にお伺いを立てる意思決定方法だ。現場に権限が与えられず、現場を知らない上の人が、大事な判断を下している。

「笑えないいなぁ……」と苦笑いする会社員は多いはずだ。

多くの日本企業で、似たようなことが起こっている。

冒頭にこの話を紹介したのは、私が日頃から感じる日本企業低迷の問題が、ここに集約されているからだ。

これまで高い信頼を誇っていたはずの日本企業で、考えられない不祥事が次々と起こっている。粉飾決算、品質偽装、不正検査等々……。

「日本企業の強みの源泉は、現場だ」と言われてきたが、現場がおかしくなり始めている。

しかし納得がいかない人も多いはずだ。

日本人ビジネスパーソンは、誰もが真面目で優秀。一生懸命に仕事をしている。「成果を挙げろ」と言われ続け、必死に努力している。

しかし低迷する企業も多い。組織全体がスパイラルを描いて落ちていくようだ。そして不祥事を起こすケースも出始めている。

なぜ、こうなってしまうのか？

私たちが「本当にやりたい仕事」をしていないからだ。

納得できない仕事を、一生懸命やっている。

本書の提案は、「それを変えよう」ということだ。

しかしこう言うと、「そんなの理想論だ」「仕事だからやりたくないことをやるのが当たり前だよ」「ベンチャーならいざ知らず、ウチみたいな大企業は言われたことをやるだけだ」という大合唱が聞こえてきそうだ。

本当にそうだろうか？

時代は大きく変わった。

確かに高度成長期までは、「上に言われたことは、ちゃんとやろう」で日本企業は

日本の組織には、パターンがある

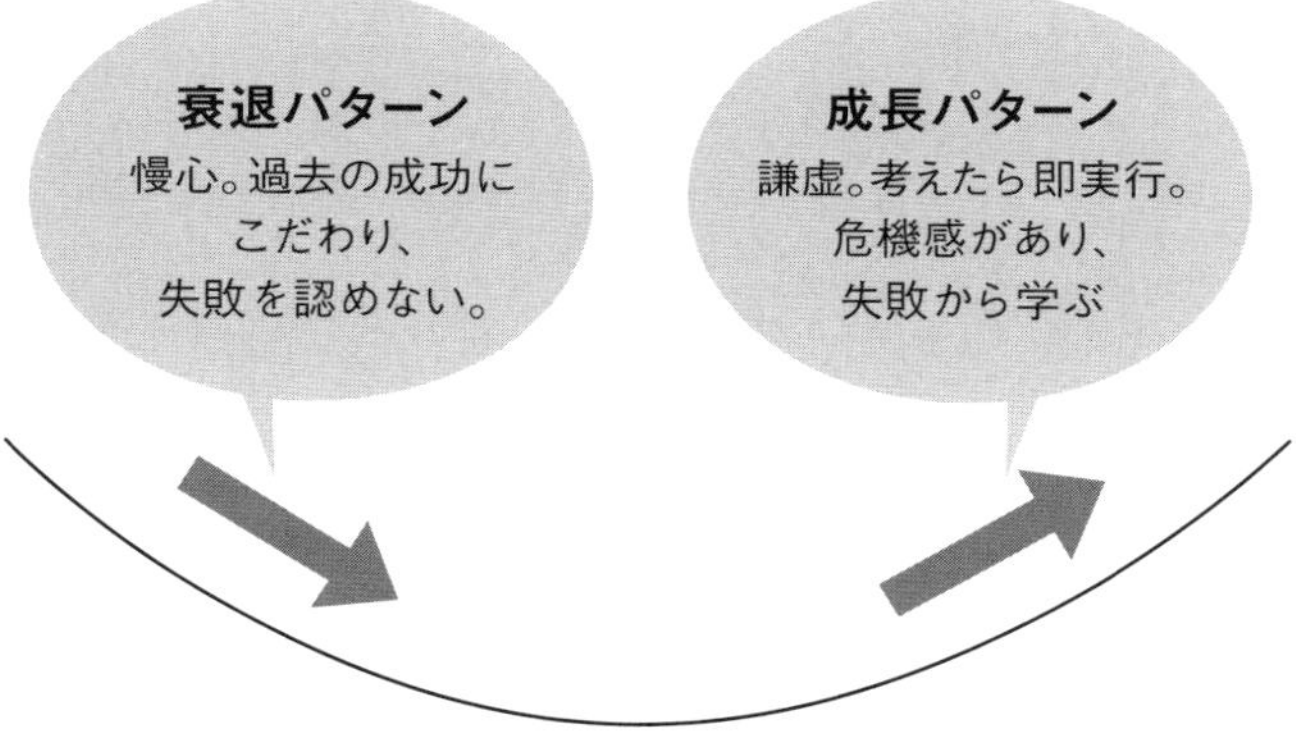
衰退パターン
慢心。過去の成功に
こだわり、
失敗を認めない。
成長パターン
謙虚。考えたら即実行。
危機感があり、
失敗から学ぶ

成長した。日本経済も成長していたから、個人も成長の分け前を得られた。

しかしバブルが弾けて20年以上が経過した今、会社員が自分を殺し、本当にやりたい仕事をしていないことは、デメリットが多い。

そのことを順番に説明していきたい。

まず日本の組織には、「衰退パターン」と「成長パターン」がある。

「衰退パターン」は組織も個人も慢心している。過去の成功にこだわり失敗を認めない。

「成長パターン」は謙虚だ。考えたら即実行。常に危機感を持ち、失敗から学び続ける。

日本の組織の「衰退パターン」――東芝と旧日本軍

まず「衰退パターン」だ。

〈東芝〉……決めたのは他の人。全員で思考停止し、事態が悪化

この原稿を執筆中の2017年、東芝は連日ニュースになっている。粉飾決算。決算延期。買収企業の巨額損失。山積みの課題がなかなか解決しない。

責任者が誰か、さっぱりわからない。

トップは「自分は悪くない。会社のためだ」。

不正会計に関わった社員は「罪悪感はなかった。決算を終えると達成感を覚えた」。

誰もが「決めたのは他の人」と考え、判断停止している。

一人一人は優秀で誠実な社員。一生懸命、身をすり減らして仕事をしている。

しかし組織全体が病んでいる。危機的な現実を直視せず、「何とかなる」と根拠なく楽観的に考え続け、重大な意思決定が行われてきた。社内では正論を言う社員もいたが、無視され冷遇された。そして現場には無理難題が押しつけられてきた。

次第に一人一人が主体的に考えなくなり、判断停止するようになった。そして破滅の坂道を一気に転がり落ちていった。東芝の復活を祈るばかりだ。

2017年の東芝は、日本の組織が「衰退パターン」になる典型的な症状を示している。

日本の歴史をひもとくと、同じパターンに陥ったケースは決して少なくない。

300万人もの日本人が亡くなった第二次世界大戦でも、旧日本軍は「衰退パターン」に陥り、あり得ない惨敗を数多く繰り返した。ここでは2つだけ紹介しよう。

〈インパール作戦〉……重要なのはやる気だけ。目的が不明確で、結果責任は追及せず

1943〜1944年頃の戦争末期、旧日本軍は負け戦が続いていた。そこでビルマ（現ミャンマー）方面の司令官が、「ビルマからインドに駐留する英国軍を急襲し撃滅すれば、全体の形勢を挽回《ばんかい》できるはずだ。必勝の信念でこれを完遂する」と考えた。しかし「第二次世界大戦に勝つ上で、インドの英国軍撃破がなぜ必要なのか」というそもそもの戦略的な目的は不明確。加えて無謀な計画だった。ジャングルや高山

を含む500㎞の行程を、日本兵9万人がわずか3週間で徒歩により移動するという非現実的な案に、ある幹部は「補給は不可能だ」と意見した。しかし「卑怯者《ひきようもの》！　貴様には大和魂があるのか？」と罵倒されたという。

結果は大失敗。長距離の撤退で死者が続出。激しい雨で遺体は10日間で白骨化し、撤退路は「白骨街道」と呼ばれた。極度の飢えで日本兵同士が食い合った。戦死者3万人・傷病者4万人。しかし責任追及はなかった。いち早く現場から離脱したその司令官は、後に陸軍予科士官学校長に就任した。

〈台湾沖航空戦〉……失敗が許されない。隠ぺい体質になり事実を軽視

日本本土に米軍の空母機動部隊が迫ってきたが、旧日本軍の大本営は「航空機の攻撃で米軍は壊滅した」という大戦果を発表し、日本国内は「これで戦争に勝てる」と沸き立った。しかし米軍はほとんど無傷だった。

最前線では「撃沈できませんでした」と言えない空気があった。さらに旧日本軍は、戦場の基本である戦果確認をしていなかった。夜間攻撃の中、炎上する味方機を敵艦

と間違えたり、被害を受けた敵艦を重複して数えていた。過大な報告をそのまま集計した結果が、大本営発表になってしまった。

「戦果報告は怪しい」と考えた情報参謀が現地で調査し「現実の戦果はほとんどない」と大本営に報告したが、「都合の悪い情報だ」と無視された。一方で、大戦果に基づいて、旧日本陸軍は作戦変更し大兵力をレイテ島へ輸送したが、壊滅したはずの米軍の空襲を受けて大半が輸送途中に沈没し、多くの人命が失われた。

旧日本軍は似たような失敗を繰り返した。

共通する大きな敗因は、失敗を認めなかったことだ。

旧日本軍では、最高司令官は天皇だった。しかし現実には、天皇は具体的な軍事上の判断をほとんど行わなかった。実際の判断は旧日本軍の大本営が行っていた。そして大本営は「天皇からお預りした大事な軍だ。失敗は許されない」と考えた結果、いつの間にか「我々には、失敗はあり得ない」となってしまった。そして失敗を認めず、根拠なく楽観的に考え、結果責任が問われない組織になってしまった。

旧日本軍の姿は、危機を直視できない現代の低迷する日本企業とそっくりだ。

日本の組織が「衰退パターン」に陥る兆候

反応は分かれるかもしれない。

「いくらなんでも、ウチはこんなにひどくないよ」

「ウチも似たような状況だな」

さて、あなたの周りで、こんなことはないだろうか？

- 「反省会をしよう」と提案すると、「皆、真面目にやっている。犯人探しはやめようよ」と反対され、ウヤムヤになる。
- 何をやるにも成功することが大前提で、失敗は絶対に許されない。だから前例がないことには、なかなか挑戦できない。
- 組織で最も評価されるのは、「やる気」だ。正論で反対意見を述べると、「後ろ向きだ！」と怒られる。
- 取引先からの値引き要請に対応するだけで精一杯。「新しい価値を創ろう」と言われても現場ではそんな余裕なんてない。現実を知らない者の幻想だ。

・計画にはじっくりと時間をかける。実行する頃には、ライバルはとっくにやっている。
・上が決めたことだから、納得しないけどやるしかない。
・仕事は忙しいんだけど、成果はなかなか出ない。

これらは私が実際に業績低迷に悩む企業のビジネスパーソンから聞いてきた声だ。これらの兆候は「衰退パターン」の初期症状だ。もう少し掘り下げてみよう。

・過去の成功体験に固執している。失敗したら嫌なので、新しい挑戦は避ける。だから時代の進化に取り残されている。
・危機感がない。「何とかなる」と楽観的に考え、変わる必要はないと思っている。
・波風のない今の人間関係が一番大事だ。評価されるのは「やる気」と今の人間関係。率直に言うと、「合理的な正論なんてどうでもよい」と思っている。

・仲間が大事なので、不祥事でも「悪気はなかった」で不問になり失敗原因の徹底追及は避ける。原因追及が甘いので問題が再発する。
・値下げすれば儲《もう》けが減るのは、百も承知。でも自分の仕事は売上達成だ。売らないことには話にならない。「価値を創る」なんて面倒なことはせず、値下げした方が手っ取り早い。
・計画にじっくりと時間をかけるのは、全員の合意が大事だから。しかしその間にライバルはずっと先に行っている。結果、戦う前から負けている。
・一方で経営陣から見ると、現場は遠くにあって状況がわからない。現実を知らないので、現場には無理難題が押しつけられてしまう。

一言で言えば、「衰退パターン」では、合理的な正論が通らない。正論を言っても「やる気があるのか！」「現実は正論とは違う」と言われ、過去の成功体験と内向きな人間関係が重視され、結果、現実離れした意思決定が続いてしまう。そこで働く個人も徐々に合理的に考えなくなり、判断停止していく。

そして低迷する多くの日本の組織では、この状況が続いている。

20年間で1／3に縮小してしまった日本

日本経済は20年間で、なんと1／3に縮小した。

世界全体に占めるGDP比率で見ると、日本は1994年には17・9％だったが、2016年は6・5％。世界のトップ企業上位500社をランキングしたフォーチュングローバル500で見ると、1994年は日本企業が149社あったが、2017年は51社。いずれの数字も、わずか20年間で日本経済が1／3に縮小したことを明確に示している。

「我々はすでに充分に豊かだ。数字だけで議論するのは底が浅い。中身が大切だ」という意見もある。しかし数字は現実だ。

あなたの年収が、20年間で600万円から200万円に下がったようなもので、現実には、世界の中で日本は急速に貧しくなっている。しかし日本国内にいるとこれはなかなかわからない。

20年で1/3に縮小した日本経済

世界における日本のGDP比率	**17.9%** (1994)	→	**6.5%** (2016)
フォーチュングローバル500の日本企業	**149社** (1994)	→	**51社** (2017)

「そのうち日本経済は暴落する」と言う人がいるが、既に日本経済は大暴落している。これが世界から見た日本の現実だ。

「日本が衰退した原因は少子高齢化だ」と言う人もいる。しかし同時期の日本の生産年齢人口（15歳以上65歳未満）はわずか12％減だ。

私は日本全体が「衰退パターン」に陥ったことが、日本経済が１／３に衰退した大きな原因だと考えている。

日本が「成長パターン」だった１９８０年代までは、世界の経営の教科書にも載るような日本発イノベーションが次々生まれていた。

しかしその後の20年間、日本発のイノベーションは急速に減った。戦前の日本が「神国日本は不敗」と言っていたのと同様に、高度成長期の成功体験に固執し「日本は素晴らしい国だ」とノスタルジックに自画自賛している間に、全体が「衰退パターン」に陥っている。低迷している組織では、トップも現場も判断停止しているのだ。

しかしこう言うと、今度はこんな大合唱が聞こえてきそうだ。

「とんでもない。我々は現場で、一生懸命仕事している」

「判断停止しているなんて失礼だ。必死に考えているよ」

では質問だ。

「あなたはなぜ、今、その仕事をしているのか？」

答えが、「上司に言われたから」「会社が決めた方針だから」「だって仕事だから」ならば、これこそ判断停止している何よりの証拠だ。そこにはあなた自身の考えがない。

この問いに答えられるビジネスパーソンは少ないのが現実だ。

それこそが大きな問題なのだ。

「上司に言われたから」というその上司も、誰かに言われている。その誰かも、他の誰かに言われている。しかしトップは御輿の上に乗っているだけ。結局、誰が本当にその仕事をしたいのか、突き詰めて考えるとよくわからない。これこそ日本の組織が「衰退パターン」に陥る初期症状だ。

なぜこうなるのか？

それは日本人の異常に高いある能力が、間違った方向に発揮されてしまったからだ。

その能力とは、「気配り能力」。

たとえばこんなことはないだろうか？

あなたは小さなチームのリーダーだ。若手メンバーが尖《とが》った提案をしてきた。

しかしあなたの上司の鈴木課長は、リスクを嫌がるタイプ。あなたはついこう言ってしまう。

「悪くないけど……リスクが高いなぁ。鈴木課長がＯＫしてくれないかもなぁ」

ここであなたは鈴木課長に気配りしている。しかも自分自身の考えで判断していない。

実は鈴木課長も、上司の佐藤部長がリスクを嫌がると考えているのかもしれない。その佐藤部長も、上司の斎藤本部長がリスクを嫌がると考えているのかもしれない。これが、「判断停止」の典型的な症状だ。周りに気配りし、上司を忖度《そんたく》するが、自分自身の考えがない。こうして全員が判断停止する組織ができ上がる。

そもそも責任は特定の個人が担うものだ。組織が責任を持つことはできない。「組織で責任を持つ」「全員の責任だ」という組織は、容易に「全員無責任」の組織になってしまうのだ。

幸か不幸か、気配り能力が高い日本人の組織は、こんな状態でもそれなりに動いてしまう。かつての高度成長期のように、周囲の状況が安定していてやるべきことが明確で正しい方向に向かっている時は、これは大きな強みを発揮する。しかし、状況が刻一刻変わっていく戦場や、変化が激しい現代のように、「そもそも何をやるべきか」を決めなければならない状況になると、途端に誰も何も決められなくなる。そして組織全体が迷走し、最後どうしようもない土壇場になると暴走を始める。

気配り能力が日本ほど高くない他の国では、常に「個人の考え」が求められる。

日本人の高い気配り能力には「相手を尊重する」という良い面もあるが、悪い面が出ると、全員が判断停止して、「衰退パターン」に陥るのだ。

日本の組織の「成長パターン」——明治維新、戦後、そして日産の危機

日本の組織には、「成長パターン」もある。

問題意識を持ち、謙虚に学ぶ時、日本は成長してきた。

〈明治維新の日本〉

江戸時代末期、日本は成長が行き詰まり、欧米各国がアジアを次々と植民地化し、開国を迫られた。ここで立ち上がった地方の下級武士たちが、明治維新の原動力になった。そして明治維新直後の1871～1873年、欧州と米国に総勢100名を超える岩倉使節団（全権大使は岩倉具視《ともみ》）が派遣された。彼らは日本が欧米諸国に劣っ

ている点を必死になって学び続け、迅速に国家の体裁を整えていった。彼らの中から、木戸孝允《たかよし》（桂小五郎）、山口尚芳《なおよし》、伊藤博文、大久保利通といった維新の立役者が輩出された。

〈戦後の日本〉

日本は第二次世界大戦で、国土が焼け野原になり、米国に占領された。再び日本は危機感をバネに、経済で「欧米に追いつけ、追い越せ」と貪欲に学び続けるようになった。戦後の日本経済の発展を支えたのは、そうやって学び続けてグローバル企業に成長したソニー、松下電器産業（現パナソニック）、トヨタ、ホンダといった企業だった。

〈日産の危機〉

1999年、日産は負債2兆円を抱え倒産の危機に直面し、社員の士気も落ち込んでいた。仏ルノー傘下での再建が決まり、ルノーから来たカルロス・ゴーンがトップに就任。ゴーンは現場のエース級社員200名を集めて問題点を挙げさせ、わずか3ヶ月間で、「翌年度の黒字化」「3年後の負債7000億円以下への削減」などを確約した「日産リバイバルプラン」をまとめた。そして社員一人一人にもコミットメントを求め、強力なトップダウンで推進し、リバイバルプランを1年前倒しで達成した。

日本人は問題意識を持ち、やりたいことを明確にし、謙虚に学び続ける時は成長している。逆に問題意識を失い、「これで大丈夫」と慢心すると途端に「衰退パターン」に陥る。

日本経済が1／3に縮小したのには様々な要因があるだろう。私はその大きな原因は、組織や個人が問題意識を失って慢心し、やりたいことを見失い、判断停止し、学ばなくなってしまったことだと考えている。

たとえてみると、「茹《ゆ》でがえる」だ。冷たい水に入れられたかえるは、最初は厳しい環境で凍えている。次第に温かくなると、ぬるま湯のお風呂が心地よくのんびりするようになる。しかし徐々に湯船は熱くなり、しまいには茹で上がってしまう。

必要なのは、茹で上がる前に風呂を出て、新しい風呂を探すこと。つまり変わることだ。

「変わるべきか、どうか」ではない。

「変わるか、さもなくば死か」だ。

大事なことなので、もう一回言うが、「現状維持は破滅」だ。

変わるには、きっかけが必要だ。

歴史上、日本人は問題を自覚し、海外から謙虚に学び続けた時は成長してきた。

再び謙虚に海外から学ぶべき時が来たのだ。

そして大切なことは、すべてを海外流にするのではなく、日本人の良さを活かし、学びを日本流にアレンジすることだ。

ここでまず海外の事例を紹介しよう。

私は日本ＩＢＭに新卒で入社し30年間勤務した。海外の人たちと仕事をすることが多かった。そこで実際に私が身近で学んだ例から紹介したい。

海外は失敗前提で成長していく

米国人は計画が雑だから、速く結果を出す

10年以上前のことだ。IT企業買収を検討するプロジェクトに参加した。メンバーは米国人部長のトムと私の2名。責任者は米国IBMの副社長のコリン。日本IBM社長と同格の偉い人だ。日本人の感覚では、プロジェクトチームとしては随分と小さい。

私は数時間下調べして資料を集め、「これから企画を作るか!」と気合いを入れていたら、トムが声をかけてきた。

「できそう?」

「資料を集めたよ。これから企画を作るから」

「ノー、ノー! 充分じゃん。この資料でコリンと話そう!」

穴だらけだしコリンは偉いし、「まとめてからの方がいいんじゃない?」と言うと、トム曰《いわ》く「時間がもったいない」。数日後、コリンと電話会議。具体的なアドバイス

があり、プロジェクトを方向修正。これを毎週、数回繰り返した。

数週間後、コリンが来日した。2時間の会議で議論して出た結論は、

「IBMの買収方針は『1+1が3以上になること』なんだけど、この買収は1+1=2で、相乗効果はないね。買収は中止だ」

明確な理由だ。この会議の場で、プロジェクトは終了した。

この時考えてしまった。「日本の組織だと、どうなるんだろう?」

コリンと同格の偉い人に話す場合、資料は完璧に作成する。上司のチェックも必要だろう。最初の会議までに数週間。宿題が出てさらに数週間。中止判断まで最短でも数ヶ月。時間も人手も手間も結構かかる。しかも結論に至るまで、様々な人間関係のしがらみも考慮に入れるので、判断理由も複雑なことが多い。

しかし私は、他の仕事を抱えながら片手間でこのプロジェクトに参加し、すぐ結果が出た。仕事のスピードも速いし、他の仕事も数多くこなせる。そして判断理由も明確なので、次のプロジェクトがあればどのようにすればよいかもわかる。

米国人の進め方は、心配になるほど雑で、しかも少人数。とても計画とは言えない

シロモノから始める。しかし即実行し確実に検証する。目的と判断基準は明確。徹底的に現場に権限委譲する一方、トップは現場をちゃんと理解している。結果、やめるべきことは、すぐやめる。そして可能性があるものは、次第に結果が出始める。

米国人は計画が雑だから、速く結果が出るのだ。

かつてのアップルの大ヒット商品ｉＰｏｄも、初代モデルはごく少人数のエンジニアチームがたった半年で開発したものだった。かのアップルも同じなのである。

中国人はダメモトで始め、いつの間にか成功する

私は中国人と仕事をすることも多かった。

１９９８年のことだ。中国ＩＢＭの売上は日本や韓国よりもずっと小さかった。私はＩＢＭアジア・パシフィックで、ある製品のマーケティング担当だった。中国ＩＢＭの事業責任者は、ケイティという中国人女性だった。

彼女の口癖は、「中国ビジネスを成長させたかったら、投資！　投資！　投資よ！」常に投資を求めてきた。荒唐無稽なプロジェクトも多く、失敗を繰り返していたが、

ケイティは失敗しても堂々としている。アジア・パシフィック全体会議でも、こう言い切る。

「私たちの実行はまったく問題ない。原因は○○○。次は□□□をして欲しい」

そして彼女の中国事業は、次第に成長していった。

ちなみにケイティはＩＢＭ社歴20年だったが、その後、「ＩＢＭは意思決定が遅すぎ！」という言葉を残して退職し、香港《ホンコン》にあるベンチャー企業の社長になった。

中国人は日本人が当惑するほど個人のエゴが強い。裏返せば「私はこれをやりたい」という考えがとても明確で、シンプルだ。そしてダメモトですぐに実行する。

日本人の私から見ると、「危ないなぁ」「これはダメでしょ」と思うことでも挑戦し、ダメとわかると即原因を特定し、即修正する。前言撤回は日常茶飯事。やり方もどんどん変えるし、こちらがハシゴを外されることも少なくない。しかし当初の「コレやりたい！」という強い意志は決してブレない。そしていつの間にかうまくいく。

中国人はダメモトで始め、試行錯誤を執拗《しつよう》に繰り返し、いつの間にか成功するのだ。

２０１６年、上海《シャンハイ》を中心に中国各地で始まった自転車のシェアライドも、瞬く間に普及し、現在では市民の足となって大成功している。その裏には膨大な失敗がある。しかし数多くの失敗から率直に学び続けて、ビジネスを急拡大させているのだ。

「雑な計画」と「ダメモト」が成果を出す理由

なぜ米国人の「雑な計画」と中国人の「ダメモト」のやり方は、成果を出すのか？

日本人が得意な過度な計画と根回しは、もはや無意味になった。

ヒット商品の寿命が極端に短くなったためだ。

日本企業が高度成長していた1970年代と比べ、いまやヒット商品の寿命は1／5だ。それを裏付けるデータがある。

1970年代以前は、ヒット商品の半数以上は、商品寿命が5年以上だった。

2000年には、ヒット商品の半分以上は、商品寿命2年以下になった。

これは2004年の調査なので、2018年の現在はさらに短い。たとえばいまやスマホは毎年新型が出てくる。商品寿命はすでに1年になっている。世の中の動きは、5倍速くなっているのだ。

ヒット商品の寿命は、5年から1年に
過度な計画と根回しは、いまや無意味だ

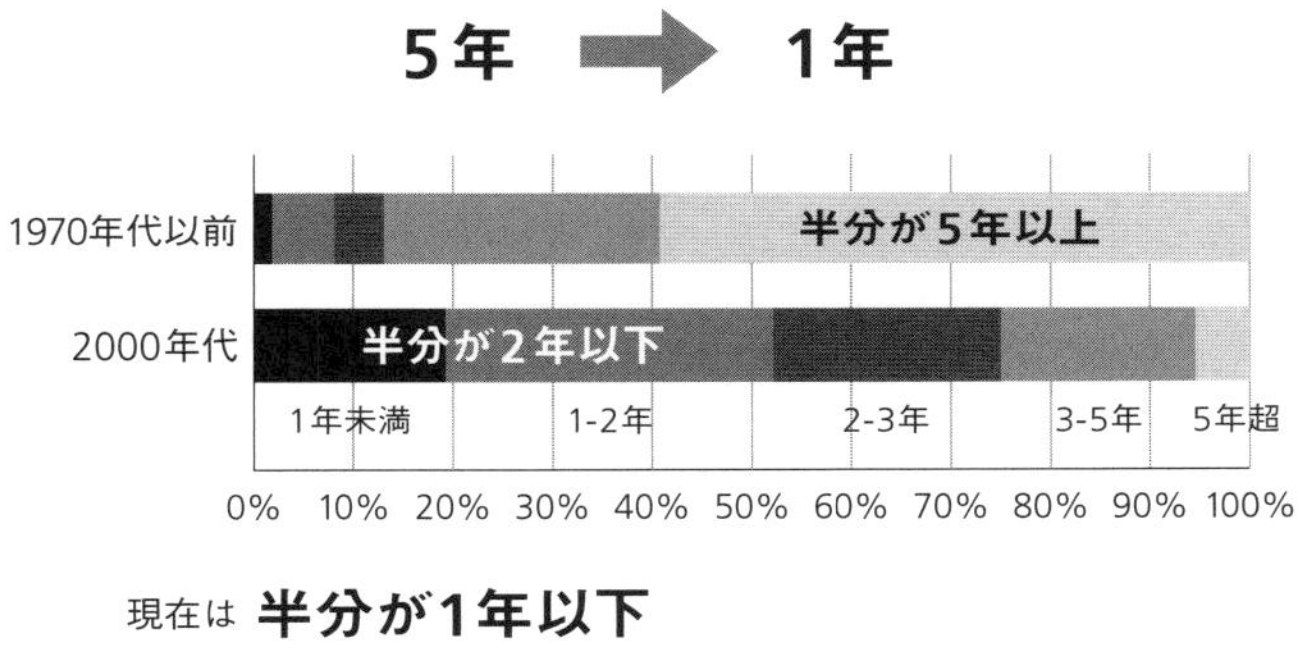

出典：中小企業研究所「製造業販売活動実態調査」（2004年11月）をもとに、筆者作成

ヒット商品の寿命が長かった時代は、時間をかけて完璧な計画を作り、全員で合意してから全員で動けばよかった。変化が爆速化している今、そんなことをしていたら致命傷だ。

そもそも米国人や中国人は、詳細な計画は面倒くさがって作らない。そのかわり「こうなればいいな。そのためにはこうすればいいはずだ」という大まかで簡単な考えを持っている。その考えをすぐに実行する。当然ながら最初は抜けも失敗も多い。しかし実際にやってはじめてわかることも多い。その学びからすぐに仮説を修正する。

クドクド考えるよりも、まず実行。

「思い立つ ↓ すぐやる ↓ すぐ修正 ↓ 繰り

返す→結果が出る。ダメなら見切る」

ということだ。

計画と根回しを大切にしてきた日本人からすると、納得がいかないかもしれない。ダメモトな計画に人を巻き込むのは「迷惑がかかるからやめよう」と考えがちだ。

しかし変化が激しい現代にはこの方法が合っているのが現実なのだ。

14個の失敗プロジェクトから生まれたルンバ

本章の冒頭で触れたロボット掃除機「ルンバ」は、日本国内で半分以上の圧倒的市場シェアを誇る。残りは、日本メーカーを中心とした10社以上の類似商品で分け合っている。なぜルンバは圧倒的に強いのか？

ルンバを開発・販売する米国アイロボット社は、家電メーカーではない。「ロボットで世の中をより良くしたい」と考えた創業者が作った、ロボットテクノロジーの会社だ。ロボット技術の強みを磨きルンバを生み出したアイロボット社を見ると、こう思えてしまう。

「ロボット技術でお掃除ロボットねぇ。いいところに目をつけたな」

しかしルンバの誕生までには、14個の失敗プロジェクトがあったのをご存じだろうか？

アイロボット社はルンバ以外に、ロボット技術を活かしたビジネスモデルを14個考えていた。「地雷除去ロボット」や「原子力発電所の検査用ロボット」など実用化されたものもあれば、「惑星探査機」や「血管内で血小板をきれいにする極小ロボット」といった夢物語のようなものもあった。しかしいずれも大きなビジネスに育たなかった。ルンバだけが、顧客が喜んでお金を出すことを実証できたのだ。

アイロボット社は膨大な試行錯誤を通じて「ロボット掃除機」という新市場を探り当て、商品化後も手綱を緩めず自社技術に磨きをかけ続けてルンバを機能強化し、ライバルを尻目に成長を続けているのだ。

ルンバの本当の強みは、この膨大な試行錯誤で蓄積した、商品開発や顧客に関する知識だ。ルンバの形状や機能だけを真似《まね》するライバルたちには、この見えない強みはなかなか真似できない。

日本人の良さを活かすには

日本人にしかない良さもある

海外から学ぶべきことを見てきた。一言で言うと、彼らの考えは合理的だ。「コレやりたい！」が明確であり、現実的で、ムダなことはせずに最短距離で問題解決する。これは私たち日本人が学ぶべき点だ。

しかし海外をそっくり真似する必要はない。日本人には日本人ならではの良さがある。自分たちの良さを活かして、さらに海外の一歩先を行くことが必要だ。実際、歴史を見ても、日本人は海外から学んだことを日本流に直して、発展してきた。

日本人ならではの良さの一つが、チームで一丸となる力だ。

日本人は、チームで問題意識が共有され、全員がピシッと同じ方向を向いた時は、とてつもない力を発揮してきた。明治維新や高度経済成長を成し遂げたのも、この力で日本全体が危機感を共有したからだ。

これは他の国ではなかなか真似できない。欧米を中心とした海外では相手と自分が違うことを大前提に行動する。個人個人のビジョンが明確でも、そんな個人主義者ばかりが集まったチームではなかなか一丸にまとまらないことも多い。

ただ問題は、先に述べた通り、日本人は目標を見失うと組織全体が迷走を始めることだ。そんな中で非合理的な考えを持ったトップが精神主義で組織を動かすようになると、正論が通らなくなり現場は無理強《じ》いされ、あの「インパール作戦」の白骨街道のような悲惨な状況になる。そして誰も責任を取らない。だから「チーム一丸力」を活かしつつ、正論も重視することが大切だ。

また日本人の改善を極める力は特筆に値する。

私が日本に住む海外の人に「日本で驚いたことは?」と聞くと、「鉄道の時間が正確なのには驚いた」と言う人が多い。海外はもっとルーズだ。日本人は徹底的に高い品質にこだわり、愚直に改善し続ける。品質を徹底的に改善し続ける国民性が、大量生産・大量販売時代に「ものづくり日本」の強みの源泉になった。

ただともすると、「改善そのもの」が目的になって、過剰品質・高コストになりがちだ。本来この能力は、顧客が「解決して欲しい」と思っている現実的な問題に使うべきなのだ。

この日本人の良さを活かして成長を続けてきた企業が、コンビニのセブン-イレブン（以下、セブン）だ。

セブン-イレブンは、常に「変化対応」するから強い

セブンの企業文化は、「変化対応」だ。常に顧客の現実的な変化に対応すべく、挑戦と改善を続けてきている。そして日本人にありがちな計画過剰の罠《わな》に陥らず、「完璧な計画よりも、即実行し学ぶ」という合理的な思考で、「事実に基づいた仮説検証」を実践している。

たとえばコンビニの24時間営業は、いまや当たり前だ。

しかし1974年にセブン1号店がオープンした頃は、営業時間は社名の通り朝7時から夜11時。24時間営業の店は世の中にはほとんどなかった。24時間営業が実現されたのは、創業2年目の1975年にセブンが実験をした結果だ。

当時、深夜まで遊ぶ若者や深夜労働者が増えていた。セブンは「夜中も営業すれば、

客の利便性が高まり、売上が拡大するはず」と考えた。しかし当時の常識は「深夜に営業しても、客が来るわけがない」。そこでセブンは24時間営業を実験して、本当に売上が拡大するかを検証した。

場所は当時の店舗で一番北にあった福島県内の直営店。条件が悪いところで売上が伸びれば、どこでも24時間営業が成り立つと考えた。結果は、日販売上は63％上がり、1日の来店人数も700人強から1200人近くまで増え、大成功。その後、東京都江東区や神奈川県相模原《さがみはら》市での実験も同じ結果だった。そこで24時間営業を開始した。

セブンの日々の店舗運営も同じだ。セブンは店舗が狭いので、3000種類程度の少品数しか置けない。24時間営業で欠品による機会損失は避けたいのでセブンでは全商品を1品ずつ単品管理している。しかし商品は自動発注していない。パートやアルバイトが、その地域の状況やイベントなどを念頭に、明日どの商品が売れるかを考えて発注し、そして実際にどの程度売れたかも簡単に検証できる仕組みを作っている。セブンでは高校生のバイトやパートも、「どの商品をどのように売るか？」「実際に売れたか？」を、1日で何回も、事実に基づいて考えているのである。

このようにセブンでは、事実の積み重ねによって試行錯誤しながら学び続け、進化し、常に変化に対応することが、企業体質になっている。常に変化対応しているから、セブンは強いのだ。セブンが慢心に陥ることなく変化対応を続ければ、今後も成長パターンが続くはずだ。

では「衰退パターン」を「成長パターン」に変えるには、今の仕組みをすべて壊し、ゼロから作り直す必要があるのか?

そんなリスクを取る必要はない。すでに今の仕組みでビジネスが動いている。これを壊したら会社が破綻する可能性もある。問題は今の仕組みが新たな価値を生み出していないことだ。だから、今の仕組みは残しておき、まずは小さなところから新しい仕組みを始めるべきだ。

そこで私が提唱するのが、「トルネード式仮説検証」だ。

「トルネード」とは「竜巻」という意味だ。

単なる仮説検証ではない。

まず小さなチームで「やりたいこと」「やるべきこと」を決め、大まかな仮説を立てたら、即実行。そして学びを積み重ね、まるでトルネードの上昇気流のように進化していく方法だ。

言い換えれば、今の時代に合った、「やりたいことを実現する方法」なのだ。

次の第2章では、このトルネード式仮説検証について、さらに踏み込んで紹介したい。

第2章 トルネード式仮説検証の進め方

「トルネード式仮説検証」の概要

「トルネード式仮説検証」とは、「こんな未来にしたい」という「あるべき姿」を実現するために、「コレやりたい！」という「解決すべき問題」を決め、学びを積み重ねて進化していく考え方だ。

このトルネード式仮説検証は、3段階で進めていく。

第1段階：「あるべき姿」を考え、現状を把握した上で「解決すべき問題」（＝「コレやりたい！」）を決める

第2段階：少人数のプロジェクトチームを作り、方向性を決定する

第3段階：仮説検証サイクルを回し続けて学びを進化させ「あるべき姿」を実現していく

具体的な事例で考えるとイメージしやすいだろう。そこで第2章では、長野県阿智《あち》

トルネード式仮説検証の考え方

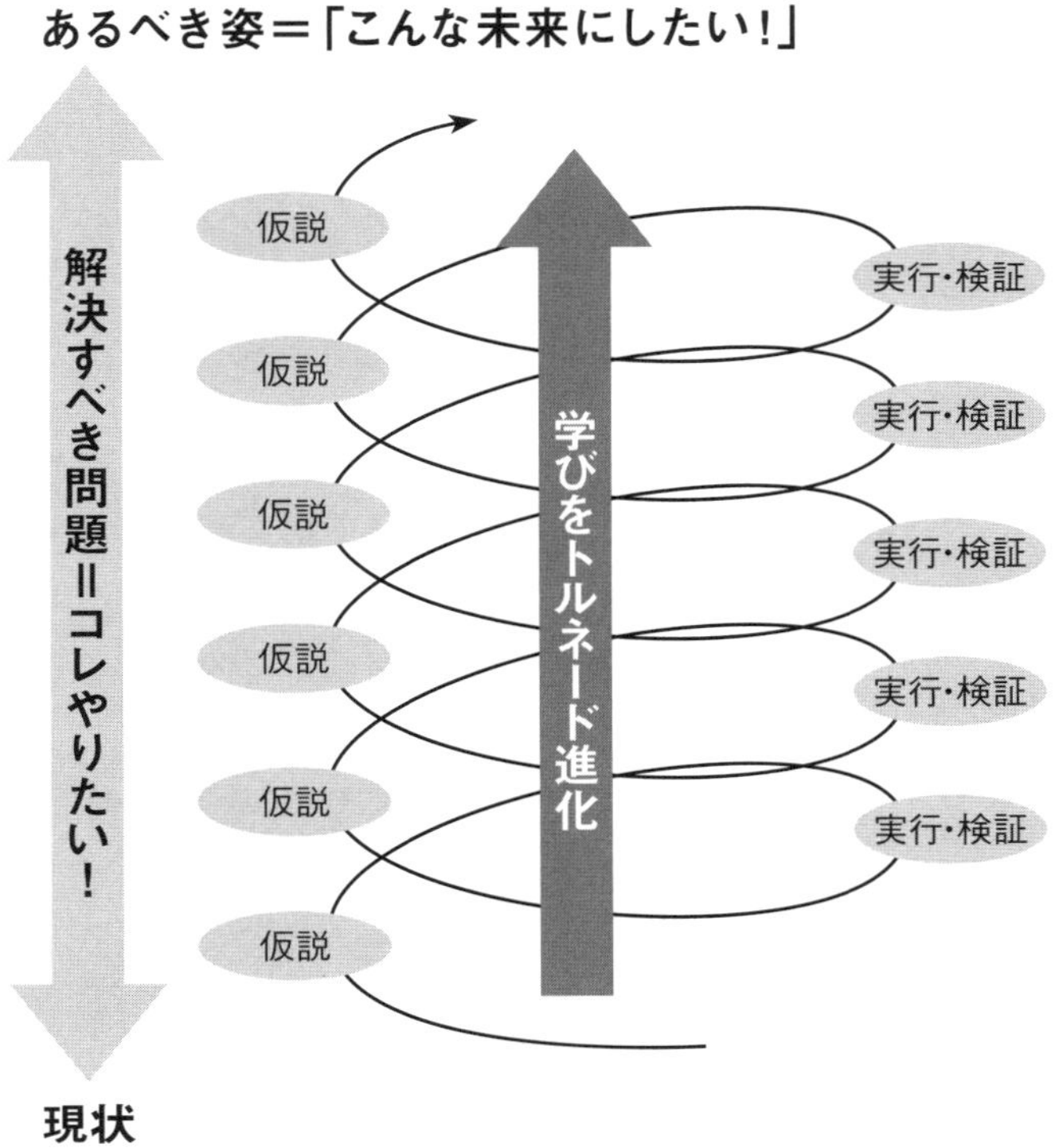

トルネード式仮説検証は、3段階で進める

〈第1段階〉
解決すべき問題（＝コレやりたい！）を決める

↓

〈第2段階〉
少人数プロジェクトで、方向性を決定

↓

〈第3段階〉
仮説検証サイクルを回し続ける

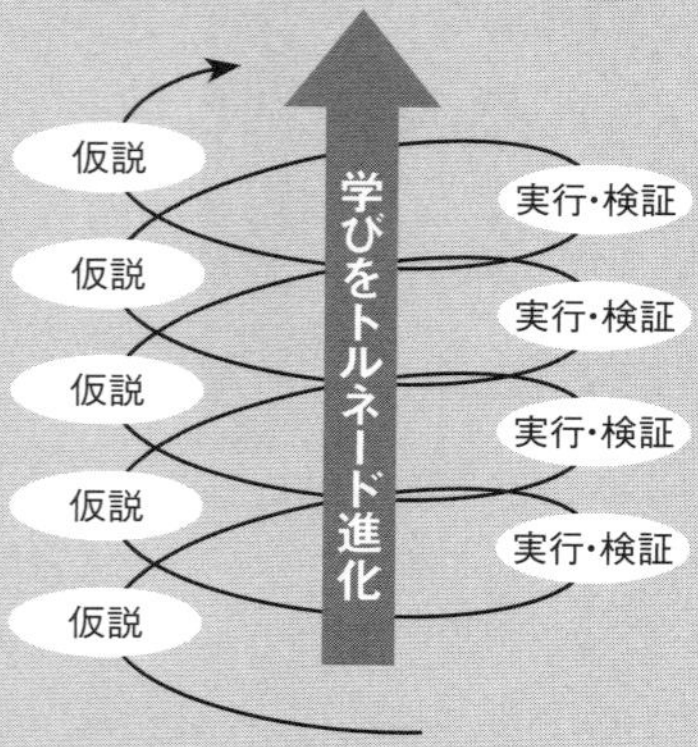

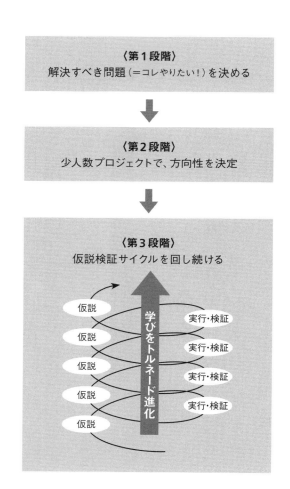

村《むら》の事例を取り上げて、具体的な進め方を紹介していく。阿智村は長野県南部にある人口６６００名の村だ。２０１１年までは寂れた温泉郷だった。村に20軒ある温泉旅館同士は低稼働率に悩み、値下げ競争をしていた。そこで少数の若手が中心になって２０１２年から「日本一の星空ナイトツアー」を始め、２０１６年には11万人もの観光客を集めるようになった。いまや「日本一の星空の村」として唯一無二の全国ブランドになり、旅館も値下げせずに稼働率も大きく上がり、村全体が活気づいている。

第１段階「解決すべき問題」を決める

「解決すべき問題」は、必ずある

トルネード式仮説検証の第一歩は、危機感だ。まず「解決すべき問題」を決める。「あるべき姿」を考え、「現状」と「あるべき姿」とのギャップを把握し、「解決すべき問題」、つまり「コレやりたい！」を決める。

阿智村が「日本一の星空の村」になったのも、2011年に阿智村にある温泉旅館で企画課長をしていた松下仁さんが抱えていた危機感が発端だ。

当時30代前半だった松下さんはアイデアマンだ。旅館への集客のために色々な企画を立てて、メディアでも取り上げられるなど話題になっていた。しかし集客に結びつかない。阿智村全体で見ても、年間宿泊客数は1990年代なかばの50万人をピークに、2011年には35万人に縮小していた。

松下さんは「このまま縮小が続いたら、自分の子供たちに阿智村を渡せなくなってしまう」という大きな危機感を持っていた。

松下さんが考えていた「あるべき姿」は「子供たちの代になっても繁栄する阿智村」だったが、「現状」は「衰退の一途」、松下さんが感じていた「解決すべき問題」は「阿智村の地域づくりをしなければ！」だった。しかし現実には、阿智村の観光関係者で同じ問題意識を持っている人は少なかった、ということだ。

このように「あるべき姿」とは「こんな未来にしたい！」というあなたの想いだ。あなたがそのような想いを持っていれば、必ず「現状」との「ギャップ」が見つかる

トルネード式仮説検証　第1段階
まず「解決すべき問題」を決める!

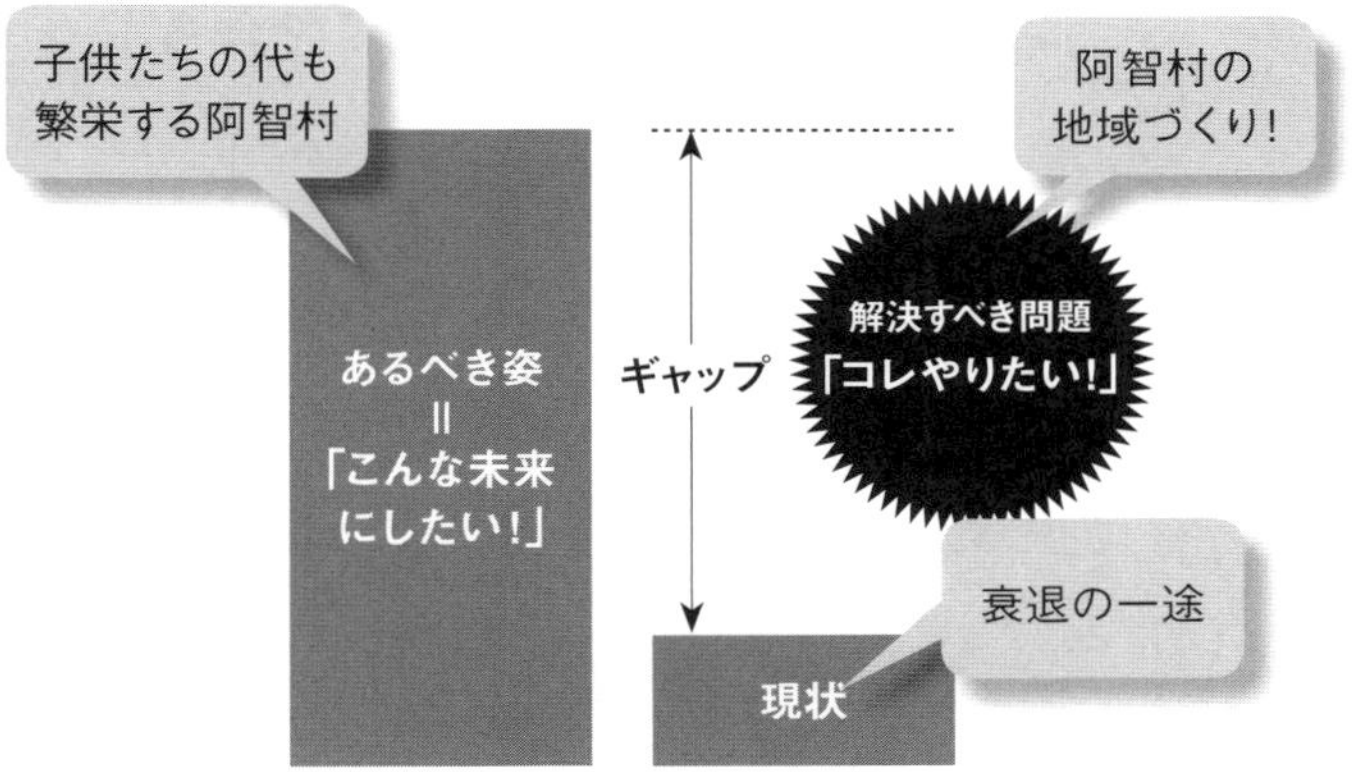

はずだ。それが「解決すべき問題」であり、「コレやりたい！」ということだ。

もしあなたが「解決すべき問題？　そんなの特にないけど……」と感じるだけだとしたら、それは「あるべき姿」のレベルが低すぎるのだ。

「あるべき姿」と「現状」のギャップを埋める問題解決そのものが、ビジネスだ。

「自分はどうしたいのか？」が出発点

あなたは、本当に自分がやりたい仕事をしているだろうか？

誰かから言われたことを仕事にしていないだろうか？

「やりたいこと」から、考えよう

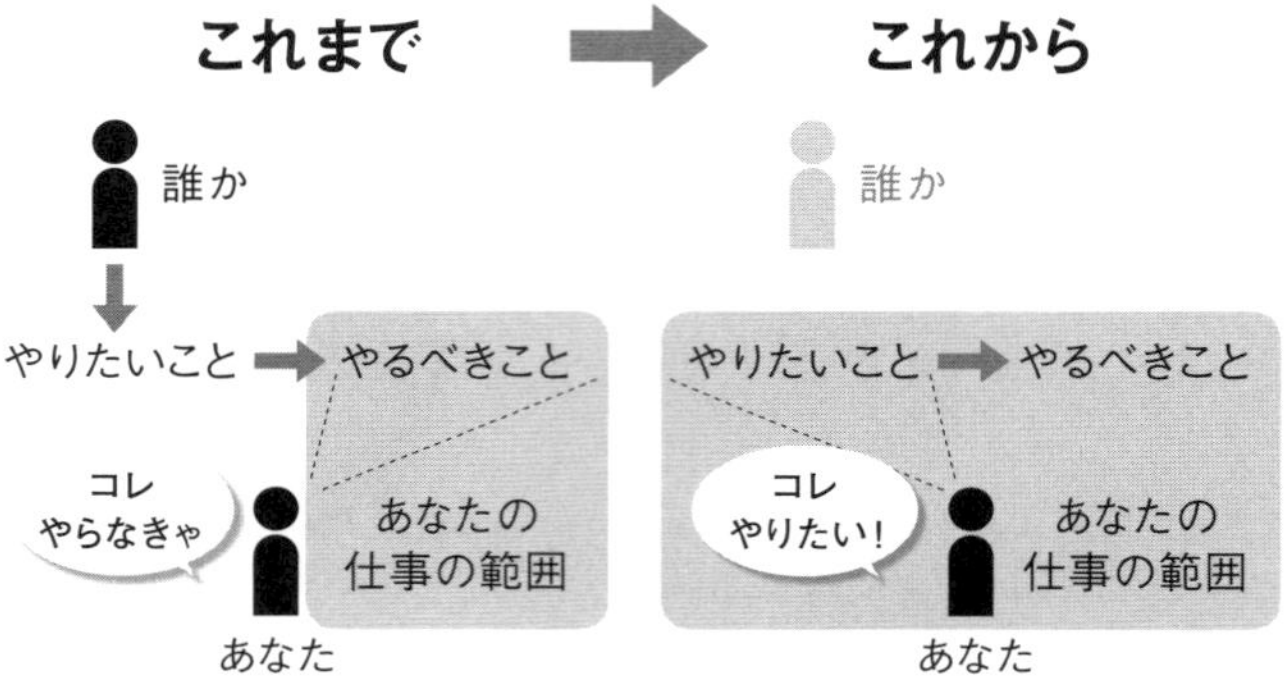

「仕事だから、言われたことをやるのは当たり前だ」と思うかもしれない。しかしこれでは仕事の主導権を握っているとはいえない。「やりたいこと」ではなく、「やるべきこと」しかやっていないからだ。

多くの人は「会社の仕事で自分がやりたいことなんてできるわけがない」と思い込み、本当に自分がやりたいことが何かを考えない。ここで少しだけ視野を広げてみたい。

あなたの周りには、阿智村の松下さんのように、積極的に「こうあるべきだ」と考え、周りの人を巻き込み、実に楽しそうに仕事をしている人が必ずいるはずだ。その人は、まず「自分がやりたい」ことが明確で、その

「やりたいこと」を実現するために「やるべきこと」を考えている。言い換えれば、自分で仕事の主導権を握っているのだ。

出発点は、「自分はどうしたいのか?」だ。

「自分がやりたいこと」を明確に定め、そのやりたいことを実現するために、自分が「やるべきこと」は何かを考えれば、あなたの仕事はもっと面白くなり、これまでと違う世界が見えてくるはずだ。これが、「判断停止せずに自分の仕事を考える」ということだ。

あなたの人生を決めるのは、他の誰でもない。

あなた自身しかいない。

あなたの仕事も同じだ。あなた自身が、「自分がやりたいこと」を考え抜き、その上で「やるべきこと」を決めるべきなのだ。

小さなきっかけを見つけてみる

しかし『「やりたいこと」を考え抜いて「やるべきこと」を決めよう』と言うと、

このように考える人も少なくない。

「今の仕事で忙しいし、そんなの面倒くさい」

「わざわざ自分から仕事を増やしたくない」

「言い出しっぺになって、責任を取らされるのは嫌だなぁ」

しかし小さなことでもいいので試しに自分で何がやりたいかを考えて、それをやってみると、不思議なほど急に仕事が楽しくなるはずだ。やりがいも出てくる。「自分の成長を実感することは、こんなに楽しいことなのだ」とわかる。そして「やりたいことをやる」仕事スタイルになれば、仕事も早く終えられるようになる。

小さなきっかけがあれば変わる。「やりたいことをやっている人」と「一歩を踏み出せない人」の違いは、その小さなきっかけを作るかどうかだ。

たとえば真冬。目覚まし時計が鳴ったけれど温かい布団の中は心地よい。「温かくて気持ちいいなぁ。夕べも遅かったし、まだ眠いし、今朝はゆっくり寝よう」と考えて、なかなか布団の中から出られないものだ。かく言う私もヌクヌクの布団でいつまでも寝ていたい派だ。でもこのままではいつも始業時間ギリギリだったり、遅刻出社になってしまう。これは今の仕事を変えられないのと同じ状態だ。人間は誰でも変わることが面倒くさいし億劫《おっくう》なのだ。

温かい布団をはねのけて早起きするために必要なのは、ごく小さなきっかけだ。以前、私は首都圏でも1位・2位を争う混雑する路線で通勤していた。温かい布団の中で、殺人的な満員電車に乗る場面を想像した瞬間、布団をはねのけて起きることができた。

早起きしてみると色々といいことがあった。ラッシュ時の満員電車は、早朝だとガラガラですごく楽。座って本も読めるし、パソコン作業もできるし、眠ることもできる。早朝の誰もいないオフィスでは仕事がものすごくはかどった。仕事がない日はオフィス近くのカフェで読書したり、ブログを書いたりして毎日が充実するようになった。これは「満員電車が嫌なので早起きする」という小さなきっかけが、大きな変化を生み出した例だ。

「『やりたいことが何か?』なんて考えるのは面倒だ」という人も、身近で自分なりの小さなきっかけを見つけて、まずはほんの少しだけ変わってみることだ。

たとえば営業なら困っているお客様に共感して「何とかしてあげたい」でもいい。

あるいは多忙な事務職で大切な趣味の時間が減るのが嫌なら、「今の仕事の手間を減らして、サッサと帰りたい」でもいい。

最初から「そもそも自分がやりたいことは何か？」を大上段で考える必要はない。

まずは小さなことから始めてみよう。そうすれば色々なことが変わってくるはずだ。

「守破離」を目指せ

新人ならばまずは「やるべきこと」をキチンとこなせることを目指すべきだ。しかし「やるべきこと」をキチンとこなせるようになったら、次に目指すべきは、「やりたいこと」を考えることだ。

日本の茶道や武道では、師匠から学ぶ心得である「守破離」という考え方がある。

まず師匠に言われた通りの型をこなせるようになるのが、「守」。

その型を自分流にアレンジするのが「破」。

そして型から離れ、自在にこなせるようになるのが「離」だ。

「守破離」を目指せ

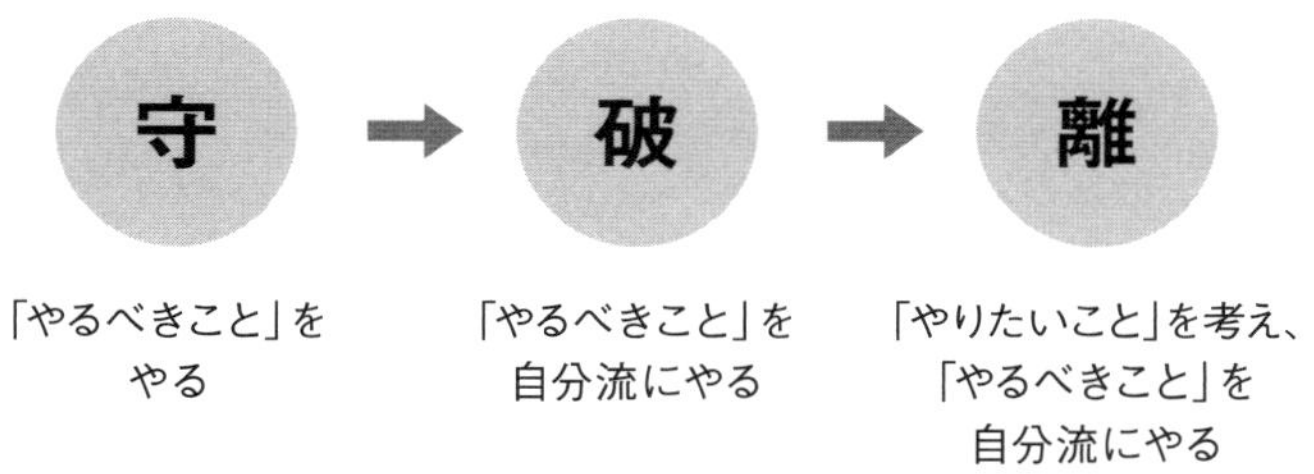
守
破
離
「やるべきこと」を
やる
「やるべきこと」を
自分流にやる
「やりたいこと」を考え、
「やるべきこと」を
自分流にやる

つまり「やるべきこと」を言われた通りにやっているのは「守」の段階。

自己流にこなすのは「破」の段階。

いずれも必要なステップだ。そして次に目指すべきなのが、「やりたいこと」を考えて「やるべきこと」を自分流にこなす「離」の段階なのである。

誤解をおそれずに言えば、もっと自分本位に、ワガママに考えてみようということだ。もしその想いが、あなた個人の利益だけではなく、「世の中をこのように変えたい」というものであれば、賛同する人が必ず出てくるはずだ。

挑戦すべきは、「そんなの、ムリムリ」と言われる課題だ

世の中には解決すべき大きな問題が山積みだ。しかしその問題こそが、大きなチャンスなのだ。それを最初に解決すれば、圧倒的に有利な立場に立てる。

しかし誰もやっていないことをやろうとすると、このように言う人も多い。

「そんなのムリだよ。誰もやっていないのは、そこに魚がいないからだよ」

本当に、魚がいないから誰もやっていないのだろうか?

実は誰もそこに行っていないだけで、魚はウョウョいるのかもしれない。

それを確認する方法は簡単だ。実際にそこに行ってみれば、すぐわかる。

だから失敗をおそれず、挑戦することが必要なのだ。周りから「そんなの、ムリムリ」と言われるくらいが、実はちょうどいい。

阿智村の松下さんも、「子供たちの代も繁栄する阿智村にしよう」と考えて行動を始めた。温泉旅館の若手企画課長が考える「あるべき姿」としては、かなりムリめな目標だ。周囲には無関心な人も多かった。しかし松下さんの想いに共感する少数の人たちが集まり、試行錯誤を通じて成果が徐々に生まれ、次第に当初は無関心だった人

たちの協力が得られるようになり、阿智村は「日本一の星空の村」という全国ブランドに育っていった。

日本IBMの会社員だった私の場合は、海外では多くの企業が「自社ならではの価値創造」にしのぎを削っているのに、日本では多くの企業が価格勝負で疲弊しているのを見て、「何とかできないものか?」と考えた。そこで「IBMで得たマーケティング戦略の学びを日本のビジネスパーソンに伝えて、日本を元気にしよう」と、まずは本の出版に挑戦した。

私が「本を出版したい」と言い始めた時、「マーケティングの本は専門家が書くものだ。会社員にはムリ」と言う人も多かったが、サポートしてくれる人がいたおかげで、試行錯誤を繰り返して出版できた。すると今度は「出版ならできるだろうけど、会社員が世の中に影響を与えるような売れる本を出すのはムリ」と言われた。しかし日本IBM社員時代に書いた『100円のコーラを1000円で売る方法』はシリーズ60万部を超えた。

周りが「そんなの、ムリムリ」と言っている状態は、他に挑戦する人がほとんどいないということだ。裏を返せば、とてつもないチャンスなのだ。挑戦するのであれば、周りが「そんなの、ムリムリ」と言うくらいのものがちょうどよいのだ。

「あるべき姿」を実現すれば、売れるようになる

「解決すべき問題」を決めることが、戦略の出発点だ。

戦略は、エクセルのスプレッドシートでいくら計算しても生まれてこない。

戦略は、「こんな未来を創りたい」「こうなって欲しい」という想像力と、「これをやりたい」という強い想いからのみ生み出される。そのために、現実とのギャップを見極め、その未来を実現するための方法を考えることだ。

「これをやりたい」という強い想いとは、言葉を換えると「健全な怒り」だ。

たとえば家計簿の自動作成アプリで成長するマネーフォワードの辻社長が会社を立ち上げたのは、ソニーの経理部に所属していた時に感じていた、経理業務の面倒さに対する個人的な怒りがきっかけだった。

私の場合も、多くの日本企業がマーケティング戦略を学ぼうとしないまま価格勝負

で疲弊しているのを見て、「この状況を何とか変えたい」と考えて、万人向けにわかりやすいマーケティングの本を書き続けている。

「健全な怒り」とは、「こうあるべきだ。でもそうなっていない。それを変えなければ！」というあなたの強い想いだ。この「健全な怒り」が、人々の共感を呼び、世の中を動かしていく。

大切なことがある。その「解決すべき問題」が、世の中や顧客にとって本当に重要で、意味があることだ。これが戦略の成功を左右する。

たとえば携帯電話が登場した1980年代なかば、携帯電話はショルダーバッグのように肩からぶら下げるもので、重さも数kgあった。そこで携帯電話メーカーは「あるべき姿は、持っていることを意識しないほど軽くすることだ」と考え、小型化に邁進した。おかげで携帯電話はポケットに入れても意識せずに済むまで小さくなった。携帯電話メーカーの努力で「あるべき姿」は実現できた。

しかし今でも「当社は他社よりも0・3㎜薄い」と薄さを競うメーカーもある。「あるべき姿」とは、まだ実現していないものや、世の中や顧客が「他にはない。どうしても必要」と考えるものであるべきなのだ。

すでに実現済のものをさらに追求し続けると、「過剰品質」になる。

世の中や顧客が必要としないものを追求するのは、単なる独りよがりだ。

これらをマーケティングの世界では、「プロダクトアウト」と言う。製品中心に考えて、顧客が本当に必要としているものを提供できていない状態だ。

愚直な改善が得意な日本人は、ともするとこのような状況に陥りがちだ。「あるべき姿」は時代とともに見直して進化させていくことが必要なのだ。

顧客が求める「あるべき姿」を実現することで、より良い世の中になり、その結果として売上がついてくる。売上は、「あるべき姿」を実現する過程で得られる結果なのだ。

企業は顧客からの売上で成り立っている。企業が売上にこだわるのは当たり前のことだ。しかし売上だけを追い求めてはいけない。追い求めるべきは、「あるべき姿」だ。

結果にすぎない売上の数字だけを追い求めても、「あるべき姿」を考えていなければば、売上は長続きしない。人々が本当に求めている「あるべき姿」を考えて、「解決すべき課題」を解決すれば、自《おの》ずから売れるようになる。

第2段階　少人数プロジェクトで方向性を決定

出入り自由なユルいチームが、爆発的なエネルギーを生み出す

「解決すべき問題」を決めたら、次に、その問題を解決したいという仲間を見つけて、プロジェクトチームを作る。ほとんどの人は別の仕事を抱えているはずだ。それでもまったくかまわない。最初はパートタイム感覚で、「解決すべき問題」について話し合い、問題意識や方向性、解決方向をすり合わせていく。「色々と話し合ったけど、なんか違うから、やっぱりやめた」という人は抜けてもいいし、「噂《うわさ》で聞いたんだけど、僕もぜひ参加したい」という人は途中から参加してもいい。出入り自由にすることだ。

「こんなユルい感じでいいの？」と思うかもしれないが、これがベストだ。何よりも大切なのは、上からの指示ではなく、自主性を尊重し、「コレやりたい！」という自発的でやる気があるメンバーが集まることだからだ。このチームが爆発的なエネルギーを生み出すのだ。

阿智村の場合、「阿智村の地域づくりをしなければ」という問題意識を持った松下さんは、色々なセミナーに参加し解決策を探し始めた。

そして出会ったのがＪＴＢ中部の武田道仁さんだ。武田さんはＪＴＢ中部で、観光視点による地域づくりを行うのが仕事で、中部各地でセミナーを行っていた。このセミナーで２人は出会い、意気投合して「阿智村の地域づくりをしよう」という話し合いを始めた。

２人は「阿智村ならではの売りになる強みは何か」を話し合った。温泉や、花桃の庭園などが案に出たが、どれも決め手に欠けていた。そんな中、「スキー場のスタッフが夏場にゴンドラで山頂に登って、星を見ているらしい」という話が出た。出かけてみると、とても美しい星空だった。実は２００６年に環境省が「日本一星空の観測に適した場所」として認定していたことがわかった。そこで「この星空を売り物にして地域興しをしよう」ということになり、「日本一の星空ナイトツアー」への挑戦が始まった。

さらにそのスキー場の社長や、温泉郷のご意見番的な他の旅館の社長など、経験豊富で信頼できる仲間も加わった。この少人数チームが、時に飲み会などをしながら固く結束し、「ターゲットのお客さんは、スキー場のあのスタッフのような『星を見てワクワクドキドキしたい』という人だよね。だから『星空エンターテイメント』というコンセプトでいこう」と基本な方向性を固めていった。

このように阿智村の松下さんは、同じ問題意識を持つ仲間を集めてプロジェクトチームを作りながら、試行錯誤を繰り返していった。

組織を作るのは、時間も手間もかかる。数ヶ月から1年近くかかることも少なくない。この間、「解決すべき問題」には誰も手をつけていない。のんびり組織作りをしている間に、もっと目ざといライバルが、ビジネスを立ち上げてその問題をさっさと解決してしまう。新しいことを始めるために正式な組織作りをしていては間に合わないのだ。そこで必要なのがプロジェクトチームだ。

プロジェクトチームとは、正式な組織ではない。特定の問題を解決するために、色色な組織から専門家が一定期間集まるチームのことだ。このチームを自発的な意思を持ったメンバーで作る。

たとえばあなたの身近な事例では冠婚葬祭もプロジェクトの一つだ。組織を作らず、適宜メンバーが集まって冠婚葬祭というイベントを行う。

黒澤明監督の映画『七人の侍』でも、野武士に襲われる村を守るために、「この農民たちを守ろう」という志を持った7人の侍がプロジェクトチームを作り、野武士と戦った。

このように「解決すべき問題」を決めたら、それに共感する仲間とプロジェクトチームを作る。ここで大切なのはパッションとロジックのバランスだ。人は理屈だけでなく、感情で動く。ロジックも重視しつつ、参加メンバーの熱い想いも大切にすることだ。

低迷する多くの日本企業では、「解決すべき問題」を設定したあと、チームを作る段階で間違いをしている。プロジェクトチームではない正式な組織を作ろうと上司に相談するのだ。だが、組織作りにかける労力は、現実には何も生み出さない。

マネジメントがメンバーの気持ちを考慮せずにプロジェクトチームを作ると、失敗することが多い。チームメンバーが心の底から「コレやりたい！」と思うことがプロジェクト成功のカギだ。上司に相談してチーム作りをしても、同じ問題意識を共有する熱い仲間が集まるとは限らない。「大人の事情」で問題意識がないのにチームに参加する人も出てくる。これでは強いチームは作れない。

また日本の組織では変な平等意識で、全員参加プロジェクトを始めることがある。「全員で取り組もう」「仲間外れはダメ」と考えるからだ。しかし実際には全員が同じ問題意識を持つ可能性は低い。そもそも問題意識を共有するメンバーだけで行うものが、プロジェクトなのだ。

スピードが速い現代では、最初の組織作りでグズグズしているのは致命傷だ。それならば、「コレやりたい！」という仲間同士が自発的に集まって、ササッとプロジェクトチームで始めた方がずっといい。

隠し立てせず、本音で話す

プロジェクトチームを作ったら本音を話し合うことが大切だ。

「あるべき姿」は何なのか？

「現状」がどうなっていて、「解決すべき問題」は何なのか？

自分たちは、何を目指していくのか？

これらを本音で話し合えば、チームの目指すべき方向が固まり、腹オチした各メンバーが力を発揮し、大きなエネルギーが生まれる。

しかし本音を隠して建前だけで話し合っているとチームはまとまらない。結果、プロジェクトは失敗する。

たとえば会社の役員がリーダーとなって、「会社成長のために何をすべきか検討したい。将来的には、新組織を作る必要があるかもしれない。知恵を貸してくれ」と検討メンバーを集めたとする。だが、実は役員の隠れた本音が「自分が新組織のトップに就任すること」であれば、効果的に成長する方法があっても、彼はその方法には常に難色を示すだろう。彼の本当の目標はトップに就くことだからだ。しかし参加メンバーは、なぜ彼が難色を示すのかが、なかなかわからない。結果、プロジェクトは時間と労力ばかりを浪費して何も生まない。

「隠れた本音」が共有されていないと、このようにプロジェクトは迷走し、参加メンバーの貴重な時間をムダ遣いしてしまう。「真の目的」を隠すことなく、「本音」で話し合うことが重要だ。

たとえば私は、自分の本で、多くの人に自分のマーケティング戦略の経験や学びを伝えて、より良い世の中にしたいと常に思っている。一方で私は著作で生計を立てており、より多くの本を売りたい。これが本音だ。「多くの人に自分の学びを伝え、良き世の中にしたい」ことと、「多くの本を売る」ことは矛盾しない。自分の学びが多くの人の役に立てば本は売れるし、役に立たなければ本は売れない。それだけのことだ。

だから私は読者の悩みを知りたいと常に考えているし、読者の悩みの解決方法も学び続けている。

そして私は、同じように「売れるいい本を作りたい」と考える出版社の編集者とチームを組み、編集者とじっくり話し合ってお互いの考え方を理解し合い、企画段階では本音で話し合っている。自分なりに「こんな本が売れる」という仮説を持っている編集者と、「読者はどんなテーマの本を読みたいのか?」「どんな解決策を示せるか?」「どのようにすれば売れるのか?」を議論し合い、出版後は一緒に販促活動も行っている。これも編集者と私のチームで、「本音」で話し合っているからだ。

一方で、中にはこんな著者もいる。

「本を書いているのは良い世の中にするため。しかし売るために書いているのではない」

こんな人に私たちがかすかに偽善的なものを感じるのは、建前と本音の不一致をも同時に察知するからだ。

「本音」とは、言葉を換えれば「欲」である。人間の欲はなくならない。しかし欲を健全な方向に向けると世の中はより良くなっていく。だから一人一人が持つ欲と「世の中をこう変えたい」という想いを本音で話し合い、同じ方向に一致させ、プロジェクトチームで共有することが大切なのである。

人数の上限は7名。反対派は入れない

最初のチームは、2人でもいい。話し合いながら、問題意識と方向性を合わせていく。

阿智村の松下さんも、最初は武田さんと2人のチームで挑戦を始めた。

たとえ2人でも、1人では思いつかなかったアイデアが次々と生まれ、相手のアイデアがさらに自分のアイデアを引き出し、次第に増殖していく。3人いればさらに増殖が速い。この状態になればしめたものだ。アイデアは急速に成長するし、チームの意思決定も速い。

そして核となる考えを作り、その考えに共感し「ぜひ一緒にやりたい」という仲間を次第に増やしていく。そして小さなプロジェクトとして手弁当でチームを組む。

ただしこの人数については注意が必要だ。問題解決のためにチームを組む場合、理想は3~5名。多くても上限は7名だ。

日本人は発言しない相手にも無意識に気配りをする。ある人数を超えると、自分の

意見を述べなくなる人が出始めるので、「意見を聞く」「意見を調整する」という作業が発生し始め、意見調整作業が増え、議論のスピードがいきなりガクンと落ちる。

その限度は7名。私自身、様々なプロジェクトを担当し、さらに多くのマネージャーと話してきたが、この数字に同意する人は多い。

コンサルティング会社ベイン・アンド・カンパニーも「7名ルール」を提唱している。「会議参加者が7名を超えると、1名増えるごとに実行可能な意思決定ができる確率が10％下がる」というものだ。出席者が17名に達した時点で意思決定の可能性はほぼゼロになるという。

人数が多ければ、エネルギーも増えるわけではない。むしろ逆だ。問題意識を共有する少人数の同志が、爆発的なエネルギーを生み出すのだ。阿智村のコアメンバーも、松下さんを中心とした4～5名だった。

さらに問題意識を共有しない人はチームに入れないこと。ヒト・モノ・カネがない初期段階は時間も労力も限られている。問題意識を共有しない人がいると、説得作業でチームの貴重な時間と希少な労力が削《そ》がれてしまう。これは避けるべきだ。

プロジェクトチームは自由意思により社内の各部門から出入り可能にすることで、「ぜひやりたい」というやる気のある人だけを入れることが大切なのだ。

そしてあえて既存組織からの管理と規律を緩めて、自由裁量でプロジェクトを進める。途中から「何か面白そうだな」という参加者が入ることも大歓迎。途中参加でも経緯がわかるように、プロジェクトの沿革や議論の推移を記録に残し、わかりやすく「見える化」しておきたい。

そして最初の「解決すべき問題」の設定は、基本的にブレさせないこと。

ただし「トルネード式仮説検証」を進めていくうちに、最初の問題設定を見直すべき事実が見つかることもある。この時は、チーム内で話し合い、修正する。

プロジェクトがうまく進み小さな成果が出始めると、賛同者が増えてチームの人数も増え始める。これは良いことだ。そしてチームが7名以上になったら「解決すべき問題」を分割し、チームを分けるべきだ。いわば「チームの暖簾分け」だ。「コレやりたい！」というメンバーが増え、新たなリーダーが増えれば、組織も徐々に「成長パターン」に変わっていく。

やる気とパッションを共有するチームは爆発的なエネルギーを生み出すが、ともすると間違った方向に暴走しがちだ。その暴走を止めるのが、目の前の「事実」だ。このことは次節「第3段階　仮説検証サイクルを回し続ける」で詳しく述べる。

情報共有を徹底し、「許可をもらう」という発想をやめる

往々にして、リーダーが「全責任を負うのが、リーダーである自分の役割だ」と考え、すべてを丸抱えしてしまうことがある。そしてチームと最新状況を共有しない。これはリーダーがわざわざチームにブレーキをかけているようなものだ。チームメンバーから生まれるアイデアの創発が途切れてしまう。

すべての状況は、オープンにチームメンバーで共有することだ。常に最新の情報を共有し合うことで、さらに新しいアイデアが生まれ、チームは進化していく。

チームメンバーを信じ、すべてを共有しよう。

そして「許可をもらう」という発想は、即刻やめるべきだ。

許可をもらって生まれたイノベーションはない。

たとえば社外の人たちと話し合い、「じゃあ、こんな新しいことを始めよう」と盛り上がった時、「それではいったん社内に持ち帰って上司の承認を得ますので、少々お待ちを……」ということが繰り返されるとどうなるか？

せっかく風に乗り、速度が上がり始めたヨットが、あるスピードを超えるたびにブレーキをかけるようなものだ。こんな状況でいくら頑張っても、自分の意思で進むべき方向を決め、風に乗ってスイスイとスピードを上げるライバルのヨットに先を越されてしまうのは当たり前だ。

「このチームには、問題解決に関する全責任がある」と考えることだ。

この問題解決ができるのは、他には誰もいない。だから問題解決のために主体的に動き、あらゆる他の組織の協力を仰《あお》いでいく。

会社側も支援が必要だ。この小さなチームが自由自在に動けるようにして、できるだけ多くの権限を現場に移譲し、自律性を持たせる。

第3段階　仮説検証サイクルを回し続ける

80点主義で、ザックリした仮説を立てて、即実行

第3段階の「仮説検証を回し続ける」段階こそが「トルネード式仮説検証」のキモだ。その出発点は仮説を作ることだ。

多くの人が時間をかけて完璧な仮説を作ろうとするが、これは大きな間違いだ。１００点満点の仮説を作ろうとしてはいけない。仮説は80点主義で充分だ。大雑把《おおざっぱ》でザックリした仮説を考えたら、即実行することだ。

そもそも仮説検証を回すのは、仕事のスピードを上げるためだ。

80点の仮説を１００点にするには、80点の仮説を作る10倍の時間がかかるものだ。

それならば１００点の仮説を1個作る間に80点のザックリした仮説を10個作り、即実行すれば、10個中2〜3個は成功する可能性が高い。

現代は時間勝負だ。完璧を追っている間にタイミングを逸したら、１００点の仮説でもまったく無意味だ。ザックリした仮説を立てたら即実行して検証。これがスピー

ドを生み出し、貴重なチャンスをモノにする。

ただ大切なのは、ザックリした仮説は、思いつきでなく、簡単な理屈で作ることだ。

そして小さくてもいいので早めに目に見える成果を示すことだ。

たとえば私が日本IBMで、未経験の人材育成部長を担当した時のこと。就任初日にいきなり「1週間以内に人材育成戦略を立てて、本部長の承認を得ないと、予算は出ないよ」と言われた。人材育成はお金がかかるので予算は必須。しかし人材育成戦略なんて私は考えたこともない。一から勉強して戦略を立てる時間はない。

そこでそれまで担当していた事業戦略の経験を活かして、半日でザックリとした仮説を考えた。

あるべき姿：ビジネスを成長させる人材を育成すること
現状：お客様企業の課題把握が不十分なまま製品説明の営業をしているので、なかなか売上につながらない
解決すべき課題：お客様の課題把握力をつけること

そしてお客様の課題把握力を向上させる研修プログラムとその予算を考えた。このザックリした仮説で、「これが現時点の人材育成戦略だ」と説明し、無事予算承認を得た。

さらにIBMでは3ヶ月毎に予算承認が必要なので、そのたびに仮説を3ヶ月間で実行して検証した結果を説明し、「こんな成果と学びがあった。次にこれをやりたい。これだけ予算を増やして欲しい」というリクエストを繰り返した。この繰り返しにより予算が厳しい中でも最優先で予算が割り当てられて、人材が育ち、ビジネスも成長していった。

簡単な理屈でザックリした仮説を立てて即実行し、結果を検証して仮説を即修正。

これが「仮説検証」だ。

ここで阿智村のその後を見てみよう。

「日本一の星空は売り物になる」と考えた松下さんたちは、本当にお客さんが満天の星で感動するかを確かめることにした。そこで小学生を招きパイロットツアーを行うことにした。さらに星の物語を語る「スターガイド」も採用・育成し、パイロットツアーで初挑戦させることにした。

結果は、満天の星に子供たちは大興奮。全メンバーは「これはいける！」との思いを強めた。一方でスターガイドたちは、満天の星が麓《ふもと》の練習で想定していた星空とはまったく違い、数が多すぎてどの星がどれだかわからない。覚えた星の物語の記憶も飛んで、興奮する小学生たちは誰も説明を聞いていなかった。そこで今後は満天の星で練習することにした。

パイロットツアーで「感動体験を創り出せる」とわかった松下さんたちは、この取り組みを満を持して公式なものにするために、阿智村村長を会長とする「スタービレッジ阿智誘客促進協議会」を設立。阿智村の観光関係者約１００名に周知して設立総会を行ったが、参加者はわずか３名。ほとんどが無関心だった。松下さんたちは「まずは自分たちで成果を出して、彼らに関心を持ってもらわなければ」とわかった。

２０１２年8月1日に正式にツアーを開始した。身内を除いた実質参加者はたった３名。しかし誰もが「すごかった」「きれいだった」と感動していた。松下さんたち

阿智村「日本一の星空の村」への挑戦

あるべき姿：子供たちの代も繁栄する阿智村
現状：衰退の一途
解決すべき問題（コレやりたい！）：阿智村の地域づくり

	仮説	検証結果	学び
1	まずはセミナーで勉強だ	武田さんと出会う 「観光で地域づくりできるのか」	武田さんと一緒に 何かできるかもしれない
2	阿智村の強みがあるはず	温泉も花桃も 本当の強みでない	お客さんが 夢中になるものは？
3	スキー場スタッフが 夏の夜、ゴンドラを 動かしている？	満天の星。感動！	都市圏の若者に売れる！ （しかも日本一の星空だった）
4	満天の星と スターガイドで喜ぶか、 小学生を招いて試行	子供たち大感動。 しかし星が多すぎ、 ガイドできず	全く新しい感動体験を 提供できる。スターガイドは 山頂で練習
5	「スタービレッジ阿智 誘客促進協議会」を 設立しよう	設立会には 3人しか来ない	今は自分たちで継続して 成果を出して、 必ず成功させる！
6	本番ツアー実施 （2012年8月1日）	実質参加者は3人。 しかし 「すごい」「きれい」「感動」	感動体験を提供できる。 続ければ必ず広がる

は改めて、このツアーが感動体験を提供でき、これを継続すれば必ず広がることを確信した。

このように阿智村は、仮説検証を愚直に繰り返すことで、２０１６年度には11万人を集客するまでになった。

阿智村の挑戦の全体像をまとめたのが、88ページの図だ。あるべき姿、現状、解決すべき問題から出発し、仮説検証サイクルを回し、小さな成果を挙げながら次第に学びを蓄積することで成長してきたことがわかるはずだ。

意外とできていない仮説検証

「仮説検証？　当たり前にやってますよ」と言う人は多い。しかし正しくできていないケースがとても多い。できていないケースには、大きく分けて3パターンある。具体的な事例で見ていこう。

〈その１：１回しか回さない（継続しない）〉

残念な仮説検証、3パターン

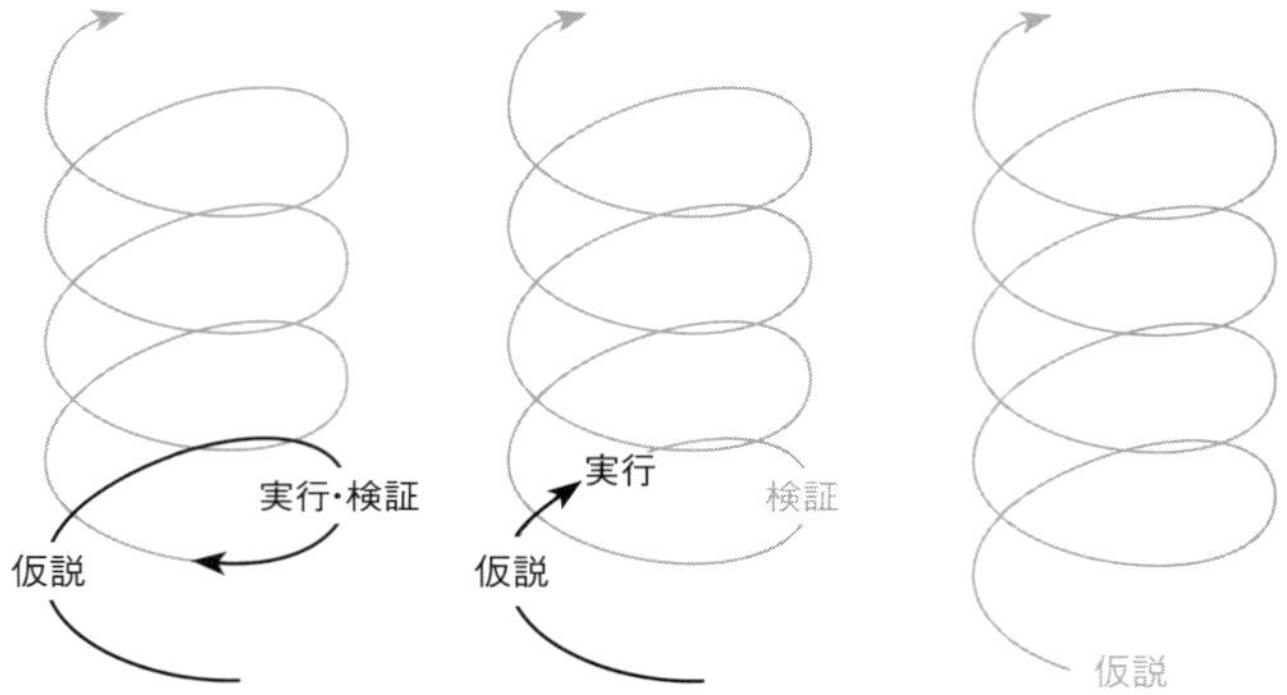

1回しか回さない
（継続しない）

半周しか回さない
（やりっぱなし）

そもそも回っていない
（仮説がない）

「仮説検証ですか？　仮説を立てて1回やりましたけど、ダメでしたね」と言われることがある。

仮説検証は、1回、回すだけでは結果は出ない。

本来の仮説検証は、「仮説→検証」のサイクルをしつこく何回も回し続け、学びを積み重ねていくことで、徐々に成果を生み出すものだ。あたかもトルネードのように上昇気流を生み出し、成長していく。これを真上から見ると、私たちがよく見かける円形の仮説検証サイクルになる。

多くの人は「仮説検証」を円で考えるから、仮説検証を1回しか回さないのかもしれない。

仮説検証は円ではなく、トルネードである

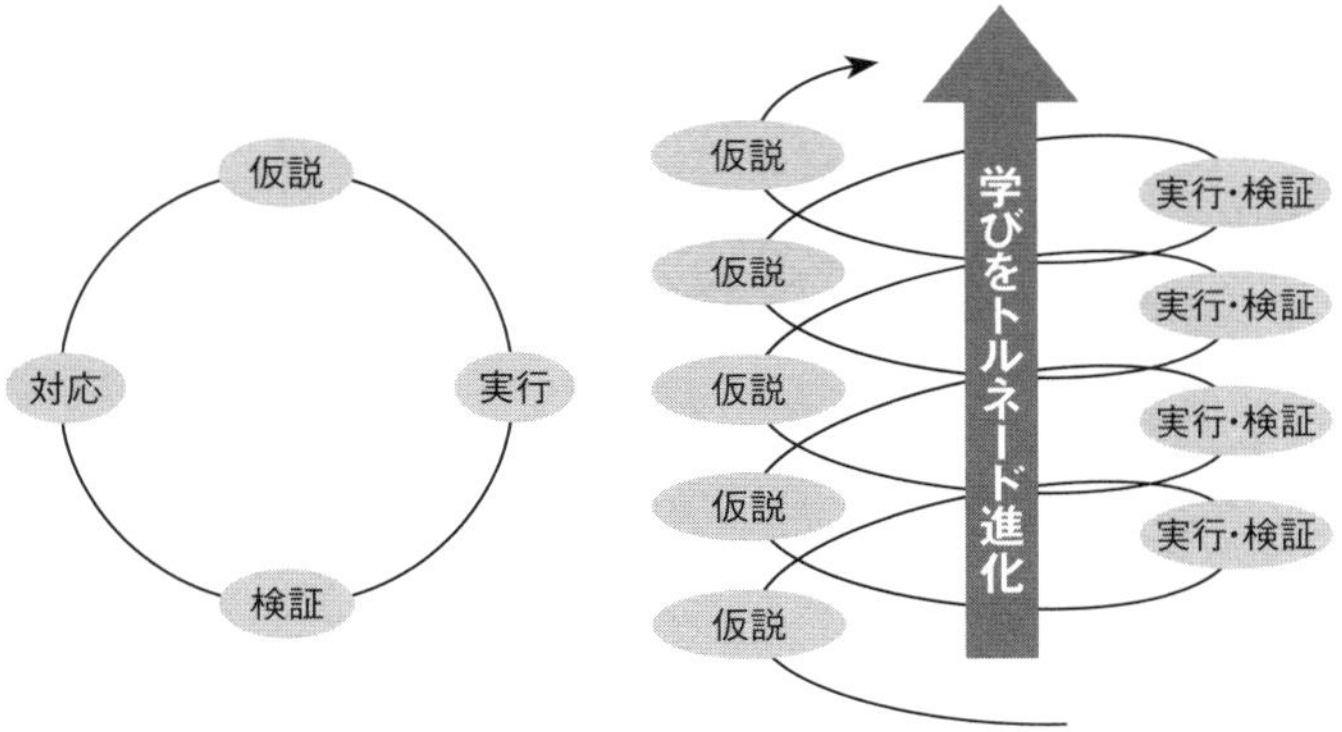

間違った仮説検証　　正しい仮説検証

本来の仮説検証サイクルは、らせん状のトルネードだ。円の図は忘れよう。仮説が間違っていたら、そこから学ぶことで、トルネードでより高く昇るチャンスなのだ。

〈その2：半周しか回さない（やりっぱなし）〉

時間をかけてじっくり計画は立てるものの、結果を検証していないこともある。

これは計画過剰だ。全員の合意を目指し、徹底的に根回しをし、全員賛成の計画を作る。この計画でプロジェクトのほとんどの時間を使うこともある。そしてやっと実行する。しかし実行段階になると、必ず想定外のことが起こる。そこで結果を検証して、計画を修正

仮説検証では、計画に時間をかけすぎない

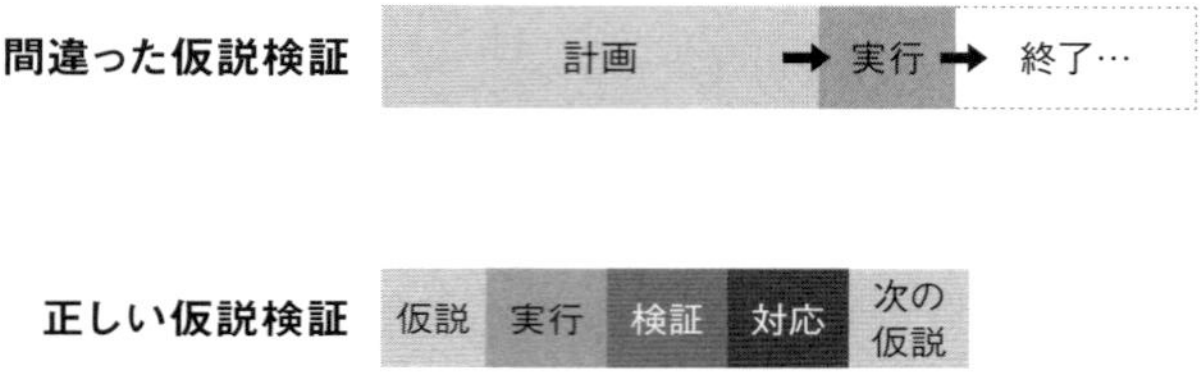

しようとすると、最初に根回しした人たちがこう言い始める。

「全員賛成した計画じゃないか。少々問題があっても計画通りやってくれ」

こうして最初の計画よりも計画修正にさらに大きな根回しのエネルギーが必要になるが、多くの場合そんな余力はない。だから「検証→対応」まで回らない。

もっとひどいケースになると、計画をじっくり立てることだけにひたすら時間を使い、実行結果をまったく検証しないこともある。

これは単なる「やりっぱなし」だ。仮説検証が1周どころか半周しか回っていない。これでは学びはまったく蓄積できない。

失敗を想定せずに成功を大前提に考え、計画過剰な日本の組織では、仮説検証サイクルが回らず、失敗から得られた貴重な学びを組織として蓄積できない。旧日本軍や低迷する日本企業の多くが陥っているのは、この状況だ。仮説検証では、計画に時間をかけすぎてはいけない。大雑把でザックリした仮説を立てたら即実行なのだ。

〈その3：そもそも回っていない（仮説がない）〉

そもそもの仮説がなく、まったく仮説検証サイクルが回っていないのに、「仮説検証？　ちゃんとやってます」というケースも少なくない。

たとえばある営業部で、前期の売上が目標に10％足りなかったので、営業部長と営業課長が集まり、こんな話し合いが始まった。

部長「なぜ目標に10％未達なんだろう？」

課長A「X社の案件で負けました。佐藤君の粘り不足でしたね」

部長「そうか。佐藤君に指導をよろしく！　他には？」

課長B「予定していた新商品の出荷が延期したのも痛かったですね」
部長「オレから開発部長に、『今度はちゃんとしてね』と言っておくよ。他には？」
課長A「この2つが主な原因ですね」
部長「よし、仮説検証終わり。今期も頑張ろう！　よろしくっ」

これは「仮説検証」ではない。「単なる反省会」だ。

売上目標のような数値目標は「仮説」ではない。本来の「仮説」とは、「何をすればその目標を達成できるか？」だ。この営業部にはその「仮説」がない。目標を設定するだけで、目標実現の方法を各セールスに丸投げしている。

低迷する多くの日本企業では、このパターンも多い。

仮説がないので、検証もできない。だから組織として学びも蓄積できない。反省会で出てくるアイデアは場当たり的な対症療法なので、似た問題は必ず別の形で起こる。繰り返しになるが、反省会は、仮説検証ではないのである。

仮説検証の鉄則は、「仮説に戻れ」「事実は神」

では、本来の仮説検証とは、どのようなものなのか？

たとえば先の営業部の例では、過去の実績に基づき、まずこんな仮説を大雑把に作る。

- 現在の案件は40件
- そのうち20件を提案する
- そのうち10件を成約すれば、売上目標は達成できる

そして結果は次のようになった。

- 提案したのは30件
- 成約したのは９件

結果を把握し、当初の仮説と突き合わせる

	当初の仮説	結果（仮説との差）
現在の案件	40件	40件
提案	20件	30件（+50%）
成約	10件	9件（−10%）

仮説と結果は次のようになる。

この結果をもとに、議論を通じて検証していく。

部長　「提案は仮説よりも50％多いが、成約は10％減だね。なぜだろう」

課長A　「お客様の課題を充分把握せずに、『提案件数を増やそう』として提案したケースが多いんですよね」

課長B　「今期、『提案を増やせ』と号令が出たからだと思います」

部長　「なるほど。提案の前に、まずはお客様の課題把握が必要だね。

ではその体制づくりのために、……」

単純化した例だが、このケースでは、事実をもとに、最初の仮説を検証し、根本原因を突き止めている。単なる反省会との違いがわかるはずだ。

これからわかるように、仮説検証の鉄則は2つだ。

●検証では、必ず仮説に立ち戻り、仮説を進化させる

●「事実は神」である

そしてこれを継続して、常に仮説検証を回し続ける。

現代では、仮説検証サイクルをより短い時間で、より多く回した方が勝つ。ムダな手間は省き、スピーディに仮説検証を回すべきなのだ。そして小さくてもいいので目標を決めて、目に見える成果を早めに出すことに集中する。こうしてメンバーの士気もより高まり、仲間も増えていく。

失敗から学ぶ3ステップ

トルネード式仮説検証で不可欠なのが「失敗からの学び」だ。ここで役立つのが、ティム・ハーフォードが著書『アダプト思考』で紹介した、失敗から学ぶ3ステップだ。

〈第1ステップ：失敗前提で新しいことに挑戦する〉

まず新しいことに挑戦することだ。しかし新しい挑戦ほど、失敗する可能性が高い。だから「新しい挑戦には失敗がつきもの」と考えることだ。部下に「新しいことにどんどん挑戦しなさい。でも失敗はダメだよ」と言うマネージャーを見かけるが、このように言うと、部下は失敗をおそれて新しいことに挑戦しなくなる。

〈第2ステップ：小さな失敗を積み重ねる〉

しかし組織の屋台骨を揺るがすような大きな失敗では困る。だから大失敗をしないように、たくさんの小さな失敗を積み重ねる。実験規模を見極め、小さく始め、小さな失敗を積み重ねて学びを得ていくことだ。

たとえば顧客に一切何も確認せずに新商品を開発し、発売したけれど売れなかった。これは大きな失敗だ。

しかし、新商品開発のコンセプト段階で、限定した顧客の反応を見て修正。さらに試作品ができた時点で限定公開して検証して修正。これは小さな失敗を積み重ねるということだ。

失敗をおそれず、小さな失敗を積み重ねれば、大きな失敗は回避できる。

〈第3ステップ：失敗を失敗として認める〉

低迷する多くの組織では、原因究明が甘い。犯人探しをして「失敗したのはアイツのミスだ」と特定の個人の責任にする。「仮説検証で仲間を悪く言うのは嫌だ」と考え、原因究明が中途半端なまま終わることもある。

そもそも失敗を認めないことも多い。旧日本軍が負け続けたのも、「天皇からお預かりした大切な軍だ。失敗させてはいけない」→「だから日本軍には失敗はあり得ない」と考え、失敗を否定し続けたからだ。

これでは、貴重な失敗からは何も学びが得られない。失敗を失敗として認めることが大切だ。「失敗した人」と「失敗した現象」を分けて、「誰が失敗したのか？」という犯人探しでなく、「どこに問題があって失敗したのか？」という原因探しを具体的に行うことが必要だ。

似たような失敗を繰り返し、「負け癖」がついている人を見かけることがある。

これは、「なぜ失敗したのか」を具体的に振り返っていないからだ。

たとえば「自分が未熟だった。もっと精進しよう……」と自分を責める人がいる。

これは犯人探しの対象が、他人から自分に替わっただけだ。あるいは「タイミングが悪かった」と考える人もいる。これも犯人探しの対象が特定の個人から外部因子に替わっただけだ。これでは失敗の分析が不十分だ。だから同じ失敗を繰り返す。

たとえ「タイミングが悪かった」としても、なぜその悪いタイミングで仕掛けてしまったのか？　そう判断した前提のどこが悪かったのか？　その間違った前提を考えた理由は何なのか？

「どこが悪かったのか？」「その根本原因は何なのか？」「次回はどうすれば失敗を避けられるのか？」を、具体的に自分が行動できる形で考えない限り、また同じような失敗を、別の形で繰り返すのだ。

「自分が未熟だった。修行しよう」と滝に打たれても、何も解決しない。「なぜ」を問い続け、次回から失敗しないように、常に自分の行動で解決できるように具体的に考えることが必要なのだ。

必要なのは「実験をする」という意識

そこでお勧めしたいのは、「仮説を立てたら、実験する」という発想だ。実験は実験室だけで行うものではない。ビジネスでも顧客を相手にどんどん実験すべきだ。

「大切なお客様を実験台にするとは何ごとだ！」と怒られるかもしれないが、顧客に何も価値を提供できずビジネスが低迷するくらいなら、実験して、本当に顧客へ高い価値を提供できるかを確認する方がずっといい。

セブンも実験を続けて、大きく成長している。

第1章で紹介したように、創業当初の営業時間は朝7時から夜11時。これが24時間営業になったのも顧客に実験した結果だ。

日々の店舗での商品発注も、365日実験を続けているということだ。実験を通じてひたすら学び続け、変化対応しているから、セブンは強いのだ。

本書も実験の産物だ。

本書に書いていることは、私が講演や研修などでお話ししてきて、参加者から「もっと知りたい」と言われたことをまとめたものだ。本書を書き始めた段階でも、私が主宰している朝活勉強会で概要をプレゼンし、参加メンバーの皆さんの問題意識にどれだけ刺さるかを確認している。

また本書第3章で取材した事例3社のトップにも、本書の内容を説明して経営者の立場から意見をいただき、その指摘も取り入れている。

さらにネットで原稿を100名以上の方々に限定公開し、いただいた意見を反映している。

「本を出したけど、売れなかった」というのは著者にとっては恥ずかしいことだが、出版後に書き直すのはほぼ不可能。執筆中ならば、学んだことはどんどん取り入れられる。

実験だから、失敗しても問題はない。むしろ早めに実験で失敗した方がいい。失敗するなら、早めに失敗しようということだ。

私たちは「失敗すると自分のプライドが傷つく……」と考えがちだ。しかし「こんな未来にしたい」という想いに比べれば自分のプライドなんて取るに足らないちっぽけなものだ。そして現実にはほとんどの人は、あなたのプライドなんてまったく気にしていない。もし実験に失敗したことをバカにする人がいたら、「残念な人」と考えて気にしなければいいだけの話だ。

私が本を書くのは、ビジネスパーソンに少しでもお役に立つ本を届けて、日本を元気にしたいと本気で思っているからだ。だから多くの人に読んでもらいたいし、そのためには売れるようにしたい。これを実現するためには、「あなたが言うことは大間違いだ。本当はこうじゃないか？」というご指摘は、実にありがたいヒントだ。

サッサと実験し早めに失敗すれば、間違いにも早く気がつくし、学びが得られる。そして学びのサイクルが速まれば、成功する可能性はグンと高まる。

早めに実験して失敗から学ぶことは、結局、得なのだ。そしてあなたが本来やりたかったことも、より早く実現できる。

失敗前提で考えれば成長する。成功前提に考えれば衰退する

現代では変化が激しいので、新規事業や新商品に次々と取り組むことになる。

しかし新規事業が最初の思惑通り成功する可能性は低い。

成功する新事業は、様々な失敗や試行錯誤から学び続けている。

米国のIT企業は、失敗を前提に新規事業に取り組む企業が多い。もちろん彼らも例外なく「必ず成功させる」という強い気持ちで取り組んでいる。しかし失敗を前提に考えているので、もし失敗してもいくらでもやり直せるし、ニッチもサッチもいかなくなることは少ない。

第1章で紹介したように、あの大ヒット商品ルンバも、アイロボット社の14個の失

敗プロジェクトの中から生まれた。

米国のＩＴ企業が次々と斬新なサービスを始められるのも、このことがわかっているからだ。私が主宰する朝活勉強会で、こんな質問をいただいたことがある。

「ＩＴビジネスに関わっているので、米国企業と日本企業の考え方が、まったく違うことを実感します。たとえばウーバーのように一般人の車をシェアする仕組みは、登場した当初は『荒唐無稽なアイデア』としか思えませんでした。でも今は普通になっていますよね」

これはまったくその通りで、米国ＩＴ企業は競争市場が次の３つに分かれていることを理解している。

●各社横並び競争の市場（→圧倒的差別化が難しい）

たとえば、自動車業界、かつての日本の家電市場

●不確実性が高い市場（→早い者勝ち）

たとえば、ＩＴビジネス

●シェア独占で圧倒的に儲ける市場（→大きいところが勝つ）

たとえば、飲料市場（コーラなど）、ＩＴインフラ市場（グーグル検索など）

このうち「各社横並び競争の市場」は、これまで日本企業が得意としてきた市場だ。「不確実性が高い市場」は米国ＩＴ企業が成長してきた市場だ。カジノで賭《か》けをするようなもので、10件やって1件当たるかどうかという世界だ。フェイスブックやグーグルはこの市場で生まれて成長し、圧倒的シェアを確保して「シェア独占で圧倒的に儲ける市場」の世界に入り、莫大《ばくだい》なお金を生み出すようになった。そして彼らは得たお金を再び「不確実性が高い市場」に投資し、次のビジネスを生み出そうとしている。グーグルが自動運転に投資しているのもまさにそれだ。

今ＩＴがビジネス全体に広がっているので、「不確実性が高い市場」は急速に様々な業界へと広がりつつある。だから海外企業がＩＴを活用する際には、「不確実性は高いが、早い者勝ちなので、少々失敗してもいい。むしろスピード命だ」と考え、失敗を受け容《い》れて次々と挑戦する。

誤解をおそれずに言うと、現代では、市場全体がカジノ化しているのだ。「この賭けは必ず成功させる」と考えてカジノで勝負しても、お金を失い、身ぐるみ剝がされるだけだ。

カジノで勝つ達人は、失敗前提で考えて、賭け金を分散させる。

米国IT企業も、失敗する事業は多いが、数少ない事業が大化けし、全体で成長している。そして大化けした事業が多くの雇用を生み出しているのだ。

一方で「衰退パターン」に陥っている日本企業は「失敗してはダメだ」「全部成功させよう」と成功前提で考えるので、じっくりと時間をかけて計画を立て、成功確率を上げるために挑戦の数を絞《しぼ》っている。

しかしそもそも成功するかどうかは、事前にはわからない。そして挑戦の数が少ないので、成功する数も少ない。

さらにじっくり計画を立てている間に、貴重な時間がムダに過ぎている。「早い者勝ちの市場」なので成功確率がますます下がる。挑戦する数自体が少なく、タイミングを逸し、成功確率も低い。これでは最初から負けは見えている。

最近、「現場に権限委譲しよう」「失敗前提で挑戦しよう」と言われるようになったのも、根回しにムダな時間をかけずに済むよう現場に権限を持たせ、スピードを上げて、数多くの挑戦を行い、失敗から学び続けない限り、日本企業は生き残れないという認識が広がりつつあるからだ。

ユニクロの柳井正社長も、こう言っている。

「当社も、新しいことをやるたびに失敗をしている。失敗の方が断然多い」

「変化に受け身になる時点で終了だ。自ら変化を起こす」

発明王エジソンも「私は失敗したことがない。うまくいかない1万通りの方法を発見したのだ」と言っていた。エジソンも「失敗=学び」と考えており、トルネード式仮説検証サイクルをしぶとく回し続けていたということだ。

日本人が失敗を認められない理由と、その対策

なぜ低迷する日本企業では、失敗を認めず、なかなか仮説検証サイクルが回らないのか？

「失敗は恥」と考え、おそれているからだ。第1章で紹介したように、米国人や中国人は失敗しても悪びれない。オープンだ。失敗の考え方が違うためだ。

参考になるのは、米国の文化人類学者であるルース・ベネディクトが、第二次世界大戦中に、日本占領の方法を検討し始めた米軍の依頼を受けて執筆した著書『菊と刀』だ。この書には「罪の文化と恥の文化」という一節がある。欧米キリスト教の「罪の文化」では、過ちは告白や懺悔《ざんげ》をすることで軽くなる。しかし日本の「恥の文化」では、過ちは公になるとさらに重くなってしまう。「失敗＝過ち」と考えるから、日本人は新しいことになかなか挑戦できない。そして、失敗も共有しようとしない。

日本人は、「失敗＝過ち＝恥」という考え方を、変えることが必要だ。

「失敗＝学びという共有財産」と考えるべきなのだ。

実際に日本には、発想を転換して失敗経験の共有を奨励している企業もある。

マツダの工場では、「失敗大賞」を導入、新しいことに取り組んだ挑戦精神を表彰している。受賞者は広島弁で「おしかったのぅ〜」「くじけま〜で」（くじけないで）と書かれたワッペンがもらえる。そしてマツダはワクワクする車を作り続けている。

また大阪府堺市の中小企業「太陽パーツ」には「大失敗賞」がある。受賞条件は、新しいことに挑戦した結果の失敗であることだ。「何も挑戦しないよりは、新しいことに挑戦して失敗した方がずっといい」という考えによるものだ。ちなみに社長も「大失敗賞」をもらっている。

このように発想を転換すれば、「失敗は恥」と思っていた日本の組織は、「失敗は貴重な学びという共有財産だ」というように変わっていくのだ。

「あるべき姿」を実現する前に、必ず新たな「あるべき姿」を考える

本当の危機は「あるべき姿」を実現した時にやってくる

当初はずっと高いところにあったムリめな「あるべき姿」も、いつかは実現する。

たとえば松下電器産業（現パナソニック）を創業した松下幸之助は、１９３２年に「水道哲学」を提唱した。「水道の水のように、低価格で良質なモノを大量に供給すれば、人々は豊かになるし、争いもなくなり、この世に楽土（ユートピア）が実現できる」と考えたのだ。

当時の日本は貧しかった。電器製品は庶民にとっては高嶺《たかね》の花で、「水道哲学」が描いてみせた未来のビジョンはまさに夢の暮らし。日本の他の家電メーカーも「水道哲学」を目標にして、「より安く、よりいいものを、より多く」と頑張り続けた。そして現代、モノは溢《あふ》れかえっている。先人たちの努力の結果、「水道哲学」は実現したのだ。

では「あるべき姿」を達成したら、それでＯＫだろうか？

実は本当の危機は、「あるべき姿」を達成した時にやってくる。

「もう解決すべき問題はない」と慢心し始めると、「衰退パターン」に陥ってしまう。

水道哲学を実現した日本の家電メーカー各社も、その後、大きな危機に陥った。

日本が第二次世界大戦で敗戦したのと同じことだ。

1868年の明治維新以来、日本は一丸となって「富国強兵」で発展してきた。そして1905年の日露戦争で、旧日本海軍は、当時世界最強と言われたロシアのバルチック艦隊を日本海海戦で壊滅させる大勝利を挙げ、日本中が「これで一等国の仲間入りだ」と熱狂した。

しかしこの成功体験で旧日本海軍は「我々の勝ちパターンは、戦艦同士が真正面から戦い、敵艦隊を撃滅することだ」と信じ込んでしまった。そして世界最強の戦艦・大和を作った。しかし日本海海戦の36年後に始まった太平洋戦争では、新たに空母中心の大機動部隊で戦う方法を編み出した米国海軍に惨敗を繰り返してしまった。

旧日本海軍は、日本海海戦で「あるべき姿」を実現したものの、成功体験にしばられてその後の新たな「あるべき姿」が描けず、戦略を進化できなかったのだ。

数年前、ある大手事務機器メーカーに勤務する友人がこう言っていた。

「当社はお金が日々確実にチャリンチャリンと入ってくる仕組みを完成していて、ビジネスは盤石です。もう特に何もすることはないですよ」

しかし今、この会社は業績低迷にあえぎ、人員整理のまっただ中だ。盤石だったビ

「あるべき姿」は、いつかは実現する。本当の危機は、その後やってくる

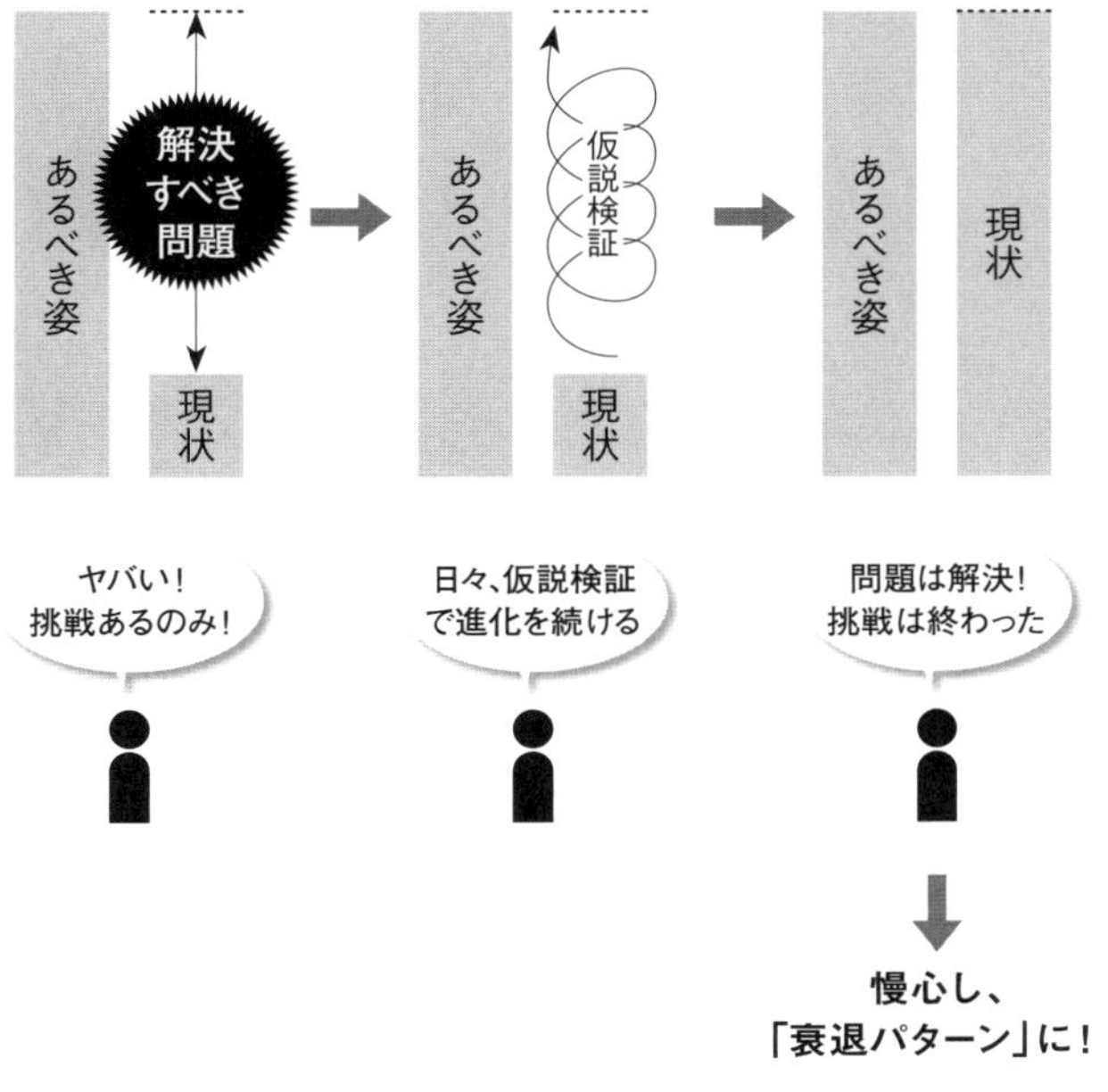

ジネスモデルが、わずか数年で時代遅れになったためだ。

最初は遠い目標だった「あるべき姿」は、いつか必ず実現する。そして「あるべき姿」を達成した時に、本当の危機がやってくるのである。

このことをマクドナルド創業者のレイ・クロックは、シンプルな言葉でこう言っている。

「未熟でいるうちは成長できる。成熟した途端、腐敗が始まる」

なぜこうなってしまうのか？

それは世の中が常に進化しているからだ。

「自分たちは進んでいる。盤石だ」と思っていても、世の中は常に進化し続けている。いつかは必ず追い抜かれる。しかし成功で慢心していると、なかなかこのことに気がつかない。追い抜かれた途端に世の中に取り残され、変わらなければそのまま衰退していくのだ。

たとえ「自分たちは成長を目指さない。ほどほどの安定でいい。だから現状維持で安定状態を目指す」と考えても、周囲は常にレベルアップしている。自分が変わらな

“Change or Die”
世の中は進化を続けている。変わらなければ、衰退あるのみ

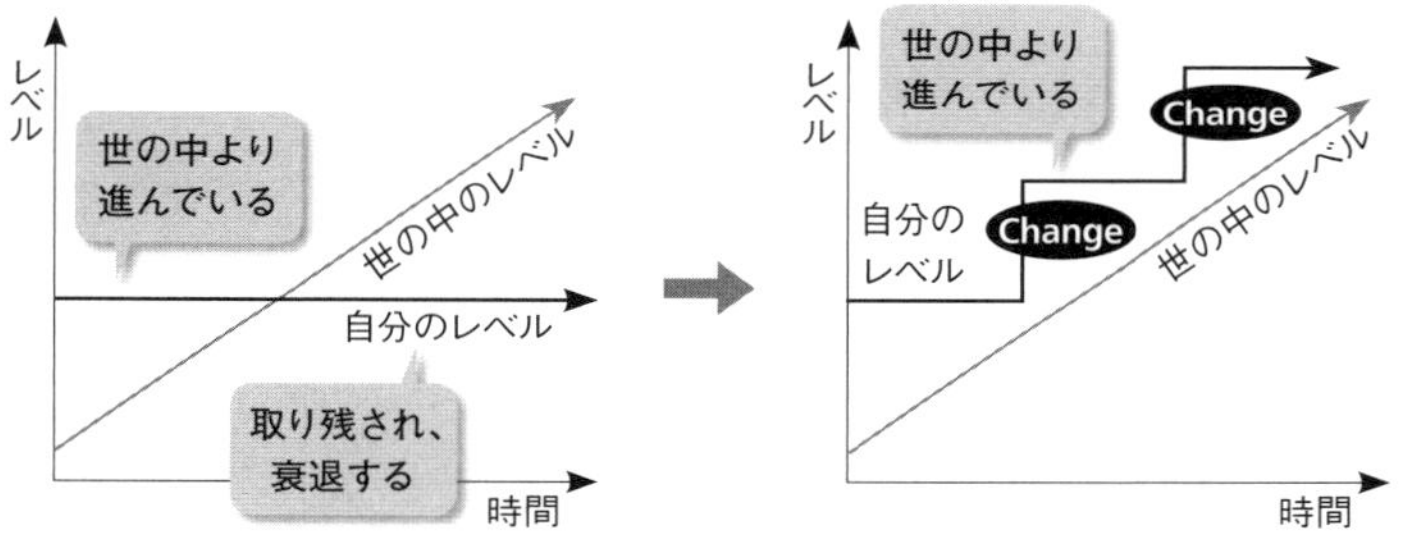

ければ、相対的に衰退しているのだ。

未熟な状態にある時の成功体験は、自信を与え成長を後押ししてくれる。しかし成熟し「あるべき姿」を達成した後は、成功体験はすでに賞味期限切れを起こしていて、衰退の大きな原因となるのだ。

だからこそ、常に変わり続けることが必要なのだ。変わらなければ衰退あるのみ。

まさに“Change or Die”なのである。

レイ・クロックが言う通り、成熟した時に本当の危機がやってきて、「衰退パターン」に転じる。常に未熟な状態でいることが必要なのだ。

常にムリめで高いレベルの「あるべき姿」を掲げる

では、どうするか?

「あるべき姿」を高く掲げ続け、常に未熟な状態にすることだ。

「あるべき姿」を達成しそうになったら、さらに手の届かない高いレベルに、新たな「あるべき姿」を設定する。そして組織全体で、常に危機意識を共有し続ける。

たとえば私は、「日本中のビジネスパーソンが、マーケティング戦略を熟知すること」が「あるべき姿」と考えて、本を書いている。今は夢物語だ。しかしいつの日か、それが実現する日が来るだろう。そしてその日が来れば、日本はもっと元気になっているかもしれない。

しかしその時になっても私が相変わらず「マーケティング戦略を学ぼう」と言い続けていたら、単なるイタい奴だし、世の中の役に立っているとは言えない。

同じことを続けていたら、いつかは賞味期限が切れる。例外はない。たとえ「自分たちの価値は永遠不変だ」と信じていても、それを判断するのは相手だ。相手が不要

「新たなあるべき姿」を決め、「解決すべき問題」を設定し、挑戦を続ける

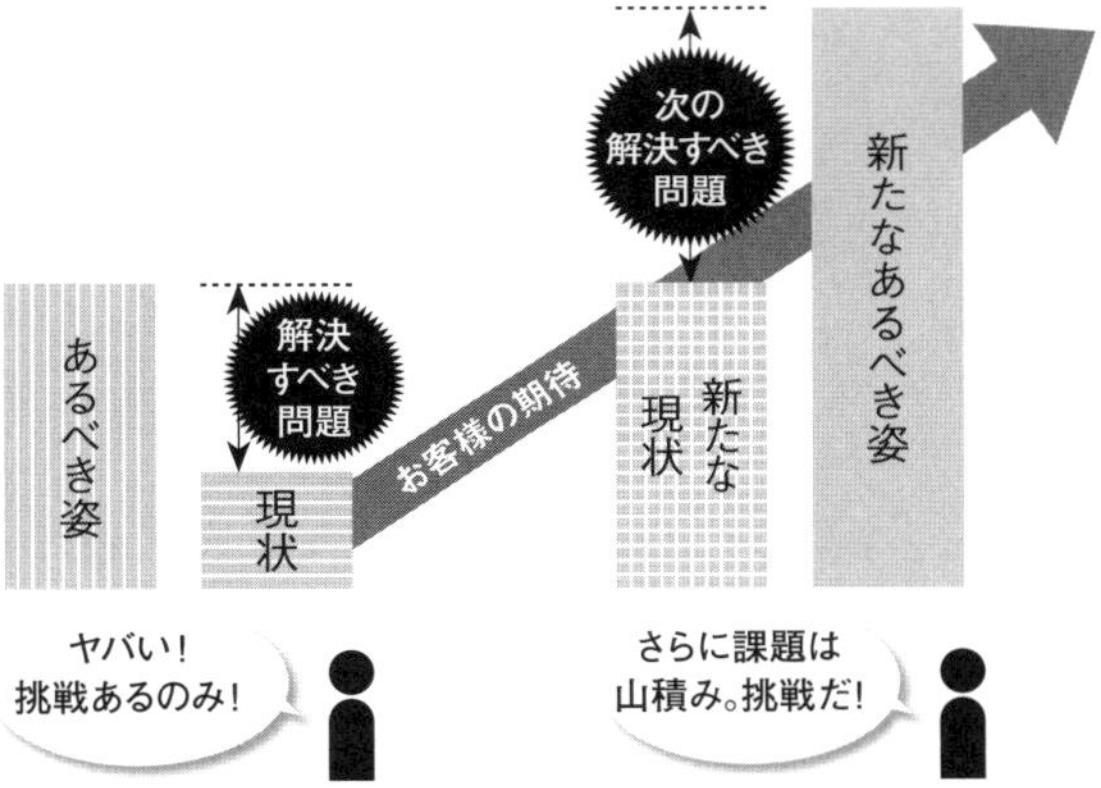

と思った時点で価値は失われている。これが「賞味期限が切れる」という意味だ。

だから賞味期限が切れる前に、新たな「あるべき姿」を考える必要がある。どんなに人間社会が進化しても、解決すべき課題は必ずある。それが何かを考え続けるのだ。

優れたリーダーは、慢心が停滞と低迷を生み出すことをよく知っている。

だからチームを決して慢心させない。

常に危機感を持たせて、解決すべき課題を設定し、チームの力を結集させる。

そのために、常に高い「あるべき姿」を掲げ続け、具体的な課題を設定し続けるのだ。

理想的な「あるべき姿」とは、漠然とす

ぎずに具体的で、なおかつ、なかなか実現できないことだ。

参考になるのがグーグルだ。グーグルの使命は、「インターネット検索でトップになること」ではない。「世界中の情報を整理し、世界中の人々がアクセスできて使えるようにすること」だ。これがグーグルが考える「あるべき姿」だ。

だからインターネット検索で圧倒的シェアを得ても、グーグルは「あるべき姿」を達成したとは考えない。Gメール、グーグルカレンダー、グーグルニュース、グーグルマップ、さらにスマホのアンドロイドや自動運転などの新しいビジネスを矢継ぎ早に生み出している。これはグーグルが考える「あるべき姿」が、具体的であり、なおかつ、なかなか実現できないものだからだ。

世の中は常に進化している。

「あるべき姿」を常に手が届かないところに置き続けることで、成長し続けられる。

逆に慢心すると、自分は現状維持のつもりでも、世の中は進化しているので、気がつかない間に徐々に衰退していくのだ。

成長の原動力とは、常に高いレベルに設定した「あるべき姿」だ。

優れたリーダーは誰もが謙虚なのも、同じ理由だ。彼らは「コレやりたい！」が明確だが、同時に自分が常に未熟な状態にあることも知っている。だから謙虚だ。しかし謙虚で優れたリーダーでも何かのきっかけで慢心すると、謙虚さを失い傲慢になり、組織を「衰退パターン」に陥らせてしまう。そんなリーダーに直言する人は少ない。常に高く「あるべき姿」を設定した上で、自分が未熟であることを意識し続けたいものだ。

トルネード式仮説検証で、個人も企業も変わる

ビジネスが速くなり、挑戦する組織になり、仕事も楽しくなる

私は自分の仕事で「トルネード式仮説検証」を実践し、さらにお客様の企業に現場チームの一員として参加して実践してきた。そして単にスピードが速くなるだけでなく、参加者が自ら進んでリスクに挑戦するようになり、仕事も楽しくなっていく、と

いうことを実感してきた。

実際に私が企業の新事業開発プロジェクトチームに入って「トルネード式仮説検証」を実施し、参加者からいただいた代表的な意見を紹介しよう。

● 「営業チーム全体で取り組む前に、まず自分自身で、商品の中から1品を選び実施してみた。結果、得意先にアプローチする際のターゲット件数、商談中の件数、それぞれの理由などが明確になり、自分の行動と取り組むべき課題、うまくいかない理由、対応策が明確に見えるようになった。おかげで部下へどのように指導すればよいかも見えてきた」

● 「お客様に会う前に必ず仮説を立てて、実際にお客様と話した結果を検証すれば、得られる学びが格段に多いと実感した。本当の『顧客志向』ができてなかった」

●「隔週で仮説検証を回すのは、正直しんどかった。しかし『徹底議論→次のアクション』をチームで明確に合意して進めることで、仕事のスピードが3～4倍速くなったことを実感している」

●「半年かけて検討していた新事業が、この方法で検討したら2週間で中止判断ができた」

●「実施にあたって、マネジメントと『失敗から学ぶ』という方針を事前合意していただいたおかげで、リスクを取って色々な挑戦ができた」

池井戸潤原作のドラマ『半沢直樹』『陸王』『下町ロケット』に感動した人は多いだろう。池井戸作品の主人公は、サラリーマンや中小企業の社長など、私たちと同じ等身大の普通のビジネスパーソンだ。

私たちは、目の前の仕事に真剣に取り組み、困難を乗り越えて夢を実現する彼らの姿に感動する。「ドラマだから感動するのは当たり前」と思うかもしれない。しかし本当にそうだろうか？

彼らは決して恵まれた環境にいるわけではない。むしろ厳しい環境に置かれていることが多い。しかし「コレやりたい！」が明確だ。そして次第に問題意識を共有する仲間が集まり、熱い気持ちを共有するプロジェクトチームができて、愚直に仮説検証を繰り返し、「あるべき姿」を実現している。その姿に共感するから、私たちは感動するのだ。

これをドラマの世界だけの話にしていては、もったいない。日々の仕事で「トルネード式仮説検証」を実践すれば、あなたも彼らのようになれる。それは、あなたの人生を豊かにし、社会に新しい価値を創り出し、ひいては日本を「成長パターン」に変えていく。「トルネード式仮説検証」は、そのための大きな武器なのだ。

本来、仕事とは、無味乾燥なものではない。

本来、仕事とは、仲間とともに「コレやりたい！」という想いを共有し、その実現を通じて感動するものなのだ。

部下の評価方法を変えよう

あなたが現場のリーダーとして、あるいはマネージャーとして、部下を預かる立場であれば、部下の評価方法も変えることが必要だ。

低迷する組織では、失敗すると人事評価に×がついてしまうことが多い。これは「減点主義」だ。「失敗しない人」が評価される。しかし「失敗しない人」は、「挑戦しなかった人」だ。

減点主義からは、新しいことに挑戦する人は出てこない。

変化が激しい現代のあるべき人事評価は、「加点主義」だ。失敗したことは評価から除外し、良いことや新しいことをしたら評価する。

日本電産を1兆円企業に育てた永守重信会長は、社員が失敗しても評価を減点しない。徹底的な加点主義だ。能力不足でもクビにしない。しかしどんなに能力が高くても、チャレンジしない社員には厳しい。これが日本電産の急成長を生み出している。

「衰退パターン」から「成長パターン」に変わるには、失敗をおそれず、どんどん実験し、新しいことに挑戦する人を評価すべきだ。人は新しいことへ挑戦をすることで成長する。そして「コレやりたい！」というものに取り組むことで仕事のやりがいが高まり、より高い成果を生み出すようになる。そのためにも、評価方法を変えることが必要なのだ。

そして部下は、必ずリーダーであるあなたの背中を見ている。だから部下に「失敗をおそれない挑戦」を勧めると同時に、あなた自身が「失敗をおそれない挑戦」をすることだ。百の言葉よりも、現実に挑戦するあなたのその背中から、部下は学んでいく。

あなた自身が変われば組織も徐々に変わっていく。そして次第に日本も変わっていく。

現代は、企業だけが人を選んでいるのではない。人も企業を選んでいる。

ハーバードビジネススクールの竹内弘高教授によると、２０１０年前後からハーバードビジネススクールでも学生の質が変わってきたそうだ。進路は大企業志向でなくベンチャー志向に変わっている。その理由は「ベンチャーには、自由があるから」。優秀な人材ほど、自分の能力を活かせる自由な環境を選んでいる。彼らは減点主義の組織は選ばない。「優秀な人材を採りたい」と考える企業こそ、加点主義の組織に変えて、自由に個人の能力を発揮できる環境を整えることが急務なのだ。

「幸運の式」を実践しよう

私は「幸運の式」を提唱している。

幸運＝挑戦回数×成功確率

挑戦回数が増えるほど、そして成功確率を上げるほど、幸運は増えていく。変化が激しい現代では、成功確率自体が小さくなっている。だからこそ回数が必要なのだ。そして失敗から学べば成功確率も次第に上がってくる。

もしあなたが若ければ、挑戦回数を増やし、失敗から学び、成長する機会を増やしていくべきだ。会社の中でもいいし、自分でリスクを取って創業してもいいだろう。長い人生、失敗はいくらでも取り返せる。挑戦した結果から学べることも多い。

もしあなたがシニアならば、若い人のような大胆な失敗を伴う挑戦は何回もできないかもしれない。しかしシニアには、若者が持っていないモノがある。様々な経験の蓄積や人とのネットワークだ。それらを活かして成功確率を上げ新しいことに挑戦すればいい。

日本を「成長パターン」に変えるのは、現場で課題と向き合うすべてのビジネスパーソンなのだ。

さて、ここまで「トルネード式仮説検証」の考え方と実際の進め方を紹介してきた。日本でも、成長している企業は決して少なくない。

そこで第3章では、成長している企業では実際にどのように考え、ビジネスに取り組んでいるのかを学んでみよう。

第3章

「成長パターン」企業の取り組み

interview
株式会社ジャパネットたかた
日本マクドナルド株式会社
株式会社ソラコム

「成長パターン」企業から学ぶ

前章まで日本企業を「成長パターン」に変えるための「トルネード式仮説検証」の考え方を紹介してきた。そのエッセンスは、組織と個人の「コレやりたい！」という想いを大切にし、「あるべき姿」を目指し、「事実を神」と謙虚に考えながら、スピーディに仮説検証を繰り返していくことだ。

日本でも、このような考え方で成長を続けている企業は少なくない。

そこで第3章では、成長する企業3社を選び、そのトップに取り組みについてインタビューした。各社を選んだ理由は、次の通りだ。

ジャパネットたかた

ジャパネットたかたは売上1929億円（見込み。2018年3月時点）。いまや規模としては大企業。創業者・髙田明社長が退任し、長男の髙田旭人《あきと》社長が就任し、トップダウンの意思決定スタイルから、社員一人一人が情熱を持ち仮説検証する組織へと変革を続けている。いかに仮説検証型組織に変革しているかを、髙田旭人社長に聞いてみた。

日本マクドナルド

日本マクドナルドは、２０１１〜２０１４年に厳しい時期を迎え業績が落ち込んだが、２０１５年から復活を始めている。仮説検証を徹底する企業としても知られている日本マクドナルドが、なぜ低迷に陥り、復活したのか？　日本マクドナルドで40年間働いてきて現場を知り尽くし、今変革の陣頭指揮を執る下平《しもだいら》篤雄《あつお》副社長兼ＣＯＯに聞いてみた。

ソラコム

ソラコムは２０１５年に創業した日本発・世界を目指すスタートアップ企業だ。素晴らしいスピードで驚異的な成長を実現している。成功したスタートアップが、どのような考え方に裏付けられているのかを、玉川憲社長に聞いてみた。

各トップの話は、現場のあらゆる立場のリーダーにとっても参考になるものだった。彼らの会社のやり方を、自分の会社や仕事に置き換えるとどうなるかを考えながら、インタビューを読んで欲しい。

株式会社ジャパネットたかた

１９８６年に創業。
カリスマ創業者から2代目社長にバトンが渡された後も、
売上約１９００億円の大企業として
成長を続けているジャパネットたかた。
その社内では大きな変革が進行中だった。

ジャパネットグループ
連結売上推移

＊2016年よりグループ連結売上（V・ファーレン長崎を除く）
（同社ホームページより）

ジャパネットたかたについて

テレビショッピングの「ジャパネットたかた」といえば、誰もが思い出すのが、あの独特な語り口の看板MC（語り手）・髙田明氏だろう。しかし髙田明氏はすでに退任し、番組には出演していない。

ジャパネットたかたは1986年に長崎県佐世保で創業。髙田明社長の強力なリーダーシップで売上1500億円を超える企業に育った。2011～2012年はエコポイント特需が消えて売上3割減の危機に直面したが、2年でV字回復。そして2015年に退任。バトンは長男の髙田旭人社長に渡され、その後も同社は成長を続けている。

それまでカリスマ創業社長である髙田明氏によるトップダウンの意思決定だったので、社員は明氏に判断をゆだねることが多かったという。その跡を継いだ髙田旭人社長は「100年後を考えるとこれでは続かない」と考え、社員一人一人が考え抜き、仮説検証する組織へと変革を続けている。

いかに今の組織を、一人一人が自ら考え、仮説検証する組織に変革するか？　悩んでいる会社やビジネスパーソンは多い。私は同社にそのヒントがあるのではないかと考えた。そこで同社で変革を進める髙田旭人社長にお話を伺った。

仮説はザックリ、スピード重視

髙田旭人社長（以下、髙田）　仮説検証で真っ先に思い出すのが、今年（２０１７年）の夏、エアコンがたくさん売れたことですね。従来は１ヶ月間の計画を立ててチラシを大量配布していました。販売結果を確認したら暑い日によく売れています。そこで現場と一緒に『暑い日にチラシをまく方法はないか？』と考えました。まず数日あれば、チラシを印刷して新聞で配布できるとわかりました。そこで気温の週間予想の結果を確認したら、ほぼ正確なんです。『暑い日にチラシをまけるじゃないか！』ということで、今年やってみたらすごくいい結果でした。みんなで喜びましたね。

――まさに仮説検証の成功パターンですね。

髙田　ビジネスの世界で仮説検証を厳密にやるのは、実は難しいですよね。〈ＡＢテスト〉という仮説検証の方法があります。Ａ案とＢ案で一つだけ異なるポイントを作って、両方実行して、どちらがいい結果かを検証するテストです。でも現実の販売では、異なるポイントはいくつもあって、どのポイントが効いたのかなんてわかりません。だから厳密なＡＢテストをやろうとしてもムリなんです。

――厳密さを追求し始めると、時間もかかる一方です。

髙田　重要なのは時間です。厳密さはそれほど重要ではありません。だから社員には、「たぶんコレっぽいな、と考えたら、すぐやって、結果を見て、次の仮説を立てればいい」と言っています。でも日本人は真面目すぎなので余計な仕事をしている感じがします。

――大まかな方向を決めて即実行。スピードを重視しようということですね。

髙田　「原因は何か？」を追究するのに労力を使う人が多くてもったいないなと思います。以前読んだ『トヨタの口ぐせ』（ＯＪＴソリューションズ編著）という本に「巧遅よりも拙速」という言葉がありますが、「即実行」は常に意識しています。80点を１００点にするのに労力をかけるより、80点を3回やって2勝1敗の方がいいですよね。

商品数を1／14に削減したら、ジャパネットの強みが尖った

――うまくいかない時は、どうしていますか？

高田　2つありますね。まずそうなる前に種をたくさんまいておく。種を5つまいて2つ咲かなくても、残り3つを一気に広げます。とはいえうまくいかないこともある。だからもう一つは、うまくいかなければ見切って、思い切って一気に変えてしまう。うまくいかない時は、逆に大きく変わるチャンスです。ただ現実には、「せっかくここまでやってきたから」と考えて、なかなか見切れません。僕は「仮説が間違っていても別にいいじゃないか？」と思っています。

――髙田社長もご就任以来、色々と大きく変えていますよね。

髙田　昨年（2016年）7月、ホームページの掲載商品を約8500点から約600点に減らしました。1／14です。

――一気に減らしましたね。

髙田　ホームページに古い商品が掲載されていたので「これ売れるの？」と聞いたら、

「月2個売れます」。一方で新商品を登録するチームは「人が足りません」。月2個しか売れない商品を一生懸命登録するのはもったいないですよね。そもそもジャパネットの強みは「少品種多量販売」で、アマゾンさんや楽天さんの「多品種少量販売」の逆なんです。データを見たら、1000商品で売上の多くを占めていました。じゃあ「厳選」の「選」にひっかけて「千」商品以内にしようと決めて、商品を絞り込んでみたら意外と減って、600商品になりました。ただ上限を決めないとまた増えるので「とりあえず語呂がいいから、最大777商品にしよう」と。

――正確にやろうとすると、逆にやること自体が目的になります。そういう部分はさっと感覚的に決めることも大事ですね。

高田　会議で「700か？　600か？　800か？」という議論にかける時間はもったいないですよね。そこで大きな差はつきません。「商品数を1／14にすると怖い」と思いがちですが、仮に失敗しても売上の多くは確保されているので、大きな問題にはならないと考えました。

——逆に1／14に減らすことでメリットは？

高田　まず10人いた商品登録チームを解散できました。仕組み改善を一生懸命やっていたので、「改善せず、そもそもやめよう」ということで別の仕事に回しました。

——10人分を他の仕事に回せるのは大きいですね。

高田　さらにバイヤーが約20人なので、600商品だと一人30商品担当します。バイヤーが自信ある商品だけになりました。そこでバイヤーに「自信があるなら、事前発注しておけば、お客様への納期がすごく短くなるよね？」と聞くと「でも注文がないのに、事前発注はちょっと」って言うんですよ。

——気持ち、すごくわかりますね（笑）。

高田　「自信あるんでしょ？」「はい」「発注は？」「怖いです」「意味がわからないよ」と言って（笑）。今は全600商品、事前発注していて、自社制作の動画もあります。こうすれば「少品種多量販売」という当社の強みも尖りますよね。

——私も動画を見ましたが、再生時間が45秒なんですね。「1分なら長いけど、45秒ならいいか」と思って見始めたら、面白いので、次々見てしまいました（笑）。

髙田　これも「自分がスマホで見るなら、1分はちょっと長い。45秒かな」という感じで決めました。理論的なベストの再生時間なんて、いくら探しても答えはありません。みんなで議論して意思決定する時間がもったいないですよね。

――日本人は稟議《りんぎ》や根回し好きで、「全員賛成」という状況を作ろうとします。でもそれが目的になって時間がかかりますよね。

髙田　一方で「社長が言うから」となるのは避けたいので、納得できる理由があって「50秒の方がいい」と言えばそれでもいいんです。実際、話しながら変わることも多いですね。

仮説検証で、未来を創る

――社員の失敗は責めたりしないのですか？

高田　いや、責めますよ。ただ「どうして失敗したんだ」みたいな叱り方は絶対にしません。失敗して次にどうするか考えず放置していたら、叱ります。「後悔しなくていい。反省して修正しようよ」とよく言います。反省と修正はすぐに一緒に行うべきだと考えています。時間をかけすぎるのはもったいないですね。

――トルネード式的に言うと、らせんを上に進めずに休んでいたら叱るけど、少しでも速く上に進めようとする人は評価する、ということですね。

高田　そうですね。速く未来に進むためにやっているので、そこで一休みするのは問題ですね。

――その考え方をどのように広げていますか？

高田　僕は「同じ意見でも、Aさんにはイエス、Bさんにはノーって言うことはあるよ」と言っています。仮説を考え検証して結果も出すAさんなら、その意見は根拠があると思って任せます。でも思いつきで実績もないBさんだと、その意見には突っ込みますね。

――「根拠がある仮説を立てる」ことと「思いつき」とは別ものだ、ということですね。

動画を45秒と決めたのも、根拠と仮説があるのでしょうか？

髙田　はた目には思いつきで「45秒」と言っているように見えるかもしれませんね。過去の経験上、商品紹介は3つの訴求《そきゅう》ポイントで伝えられます。15秒毎に1番・2番・3番と説明すればわかりやすいし、全商品をこのパターンでやれば見る人もわかりやすいと考えて、45秒と考えたわけです。

——最近始めたクルーズ旅行も、同じように考えられたのですか？

髙田　若手役員からの提案があったんですよ。直感的に「面白い」と思って、実際に2日間イタリアでクルーズ船に試乗したらすごく良かった。その船が日本に来るとわかったので、2500室のうち900室を買い取りました。

——これも仮説と根拠があったのですか？

髙田　日本一周クルーズでは、横浜を出港し、翌日には富山に着いて夜8時まで観光。その翌朝には金沢に着いて観光。こんな感じで10日間続きます。船内の食事は食べ放題。そして当社のお客様は年齢層が高めなので、旅行ではゆったりしたいはず。しかもクルーズ人口は約10万人でまだあまり知られていません。

どう考えてもピッタリです。「ジャパネットでこの良さを伝えれば、絶対に売れる」と思って売り始めたら、すぐ完売。そこで今度は一隻《せき》丸ごとジャパネットで買い取って、行き先や食事メニューをすべてお客様が喜ぶようにジャパネットで決めたら、それもほぼ完売。このために、第一種旅行業を取り、ホスピタリティがある添乗員さんも採用して、当社社員も常に十数名同乗するようにしています。

――まさに新市場創造ですね。私の両親も完全リタイアしていて、クルーズが大好きです。

髙田 行くとハマる人が多いですね。一方でクルージングに不安を感じる方もいらっしゃいますが、「ジャパネットなら大丈夫」と思っていただけるようです。常にお客様の期待を裏切らず、今後は毎年新ルートを作って、クルーズ仲間を集められるような企画にしていきたいです。

個人・チーム・会社で、様々なサイズのトルネードを回す

――クルーズ旅行は、数人で始めたものが、大きな新しい動きにつながっています。

高田　それが僕の理想なんです。グループ9社で、意思を持つメンバーが自発的に色々と楽しくやり、それを僕が後押しする形ですね。

――一方で、会社としてかなり大規模になりました。

高田　社員は大企業と思っていないと思います。ベンチャーっぽい空気がありますね。当社の新卒定着率は高いのですが、転職組の定着率は意外と低いんです。社内では本当に仕事を進めるスピードが速いので、「ゆっくりできそう」と思っていた人は驚くと思います。転職してきて「サボっている人がいませんね」と驚いている役員もいました。

――確かに普通の会社だと、「仕事をしないおじさん」は2割くらいいますね（笑）。

高田　仮説を持って仕事をすれば、仕事も楽しくなります。たとえば当社では、これまで故障した商品はメーカー様の修理センターに送っていました。でもこれだと、

お客様の商品はメーカー様にある修理品のごく一部だし、時間もかかります。そこで社長になる直前に、アフターサービス専門の会社を作り修理を受け付けられるようにしました。これでお客様の不安や不満を迅速に解消できるし、商品のこともよくわかる。併設しているコールセンターの担当者も修理を手伝うので、故障したお客様の立場で応対できる。さらにメーカー様へ自発的に次期モデルの提案もできるようになりました。これらの仮説があれば自発的に動けますし、仕事も楽しくなりますよね。こうして会社の中に色々な大きさのトルネードがたくさんあるのが、究極の姿だと思います。

――個人もチームも会社も、それぞれの大きさのトルネードを回すイメージですね。

髙田　そうです。そして大きな仮説を社員みんなで共有して、社員が自発的に「自分はコレがやりたい」と手が挙がるようにしたいと思います。

――髙田社長がこのようなお考えを持つようになったきっかけは、何でしょうか？

髙田　両親の影響が大きいですね。まず両親は、何かのせいにしません。「景気が悪い」「あそこに店ができて売上が落ちた」と言わず、「では自分がどうするか？」

しか考えない。おかげで僕も受験に失敗した時は「あの時こうしておけば」という後悔がまったくなくて、「次は1日14時間やれば受かる」と考え1年間やりました。もう一つは入社後、父と仕事をした経験です。以前から「ジャパネットはなぜ成長するんだろう？」と思っていました。父は感覚的な人で、僕が言うのも変ですが天才です。父は意思決定をする時、理由を言わないので、社員は何を考えているか理解できませんでした。そこで入社後10年間は、僕が父の言葉を翻訳していました。すると「ちゃんと理論立てて組み立てているな」と思うことが実に多くて、これは今の考え方をする上で、本当に大きかったですね。

――意思決定の背景がわかると、社員の動き方も変わりますか？

髙田　予想を超えるものが返ってくるようになりますね。会議で僕が想像する以上の提案が出てきた時は、本当に嬉しいですね。

――社内の各所でそういうものが出ると、「自分も！」と思う人も出てきますよね。

髙田　JリーグのV・ファーレン長崎（※）がまさにそうですね。これも社員は「選手のモチベーションが上がると結果が出る」という成功事例だと感じていると思います。2年後にはJ1優勝すると思っています。

※経営不振で消滅直前だったV・ファーレン長崎は、2017年5月に地元長崎のジャパネットホールディングスの100%子会社になり髙田明社長が就任。その後、選手の顔ぶれはほとんど同じなのに大進撃。2017年11月、J2からJ1昇格が決まった。

「何かあったら言ってよ」では部下は言わない。だから近づく

――大きな会社で子会社も9社あります。どのように現場の社員と意思疎通をしているのでしょうか？

髙田　まず役職者約170名と1対1のやり取りをしています。基本的に役員は週報、部門長は隔週、所属長（課長・課長代理）は2ヶ月に1回。上司をCCに入れず、直接僕にメールを送ってもらいます。それに対して、週末に僕から思ったことを

そのまま返信します。中には「部門長のこういうところ、おかしいと思います」という意見もあります。その場合は遠回しに部門長に伝えます。「社長、すごくちゃんと見ている」と思われているようです。いきなり社長室に呼ぶと上司も嫌ですが、制度があれば問題ありませんよね。

——トップが日常業務で現場把握をするのが素晴らしいですね。「衰退パターン」に陥る企業では、トップが現場を把握していないケースが多いように思います。

髙田　他にも拡大部門長会議という仕組みもあります。1年に2回、役職者全員が1ヶ所に集まります。メインは一斉テスト。僕が作った問題で筆記試験をして、賞品はテスト結果の成績順に割り当てた野球のボックス席とか、成績順の背番号がついたV・ファーレン長崎のユニフォームなどです。凄く盛り上がりますよ。これはこの前、軽井沢でやった時の動画ですが……。

——（スマホで動画を拝見）受賞チームがガッツポーズしたり歓声をあげたり、本当に盛り上がっていますね。

髙田　事前にテスト範囲を発表しています。「社内イントラネットから出ます」と言うと、みんな社内イントラネットを凄く見ますね。

――研修一つとっても遊び心がありますね。

高田 問題は「業務時間外に入館する場合の手続きは?」みたいなものですが、「今日の日経の1面は?」と出したら、ほとんど誰も答えられない。みんな必死なので、その日は新聞なんて読まないようです(笑)。

――トップや社員同士がお互いに理解する機会を意識的に作っていますね。

高田 情報量は、一人介在すると3割減になると思っています。2人介在すると半減。だから全員が集まり、社内報を出し、コラムを書き、自分が本音を出して、あとは逆に自分が聞く場面をできるだけ増やす。そういうことをやって、はじめて仮説の精度が上がると思っています。

――聞く場面も難しいですよね。「何かあったら言ってよ」と言っても……。

高田 言いませんよね。部下に「何かあったら言ってくれ」と言うのは、無責任な上司だと思います。過保護なくらい言いやすい空気を作らないと部下は言いません。だからこちらから意識して声がけしています。そうしないとどんどん遠くなる。

怖いですよね。

――トルネードをスムーズに回すために、社内のコミュニケーションをサラサラと流れるようにするイメージですね。

高田　そうですね。最初に言ったようにどれが効いているかはわからないのですが、どれかは効いていると思いながらやっています。

ジャパネットの「あるべき姿」

――ジャパネットが目指す「あるべき姿」は何でしょうか?

高田　漠然としたイメージですが、お客様・社員・会社・取引先様みんながハッピーで幸せを感じられる会社になれば、と思っています。今の売上は1700億円で、理論上は5000億円になったらより多くの人を幸せにできます。でも5000億円が目的化して幸せにならないのであれば、むしろ今のままでいい。たとえば

「シニアのご夫婦で相手が亡くなり、友達がいない」という記事を読んだ時、こういう方たちにクルージングに来てもらって、「今年はこのクルージングに行こうよ」という友達ができたらいいな、と思いますし、実際に現地でお客様からそんなお話を聞くと本当に嬉しいですね。V・ファーレン長崎にも感動したんですよ。これは試合後のサッカー場の動画です。選手とファンがまさに一体です。

――皆で歌っていますね。汗ばんだ感じも伝わってきます。

髙田　長崎に行くと、僕も「ありがとう」と声をかけられますね。

――こういうところを目指していると、株式上場などは、まったく別の話ですね。

髙田　上場は興味ありませんね。サッカーチームの株も100%持つことにこだわりました。50%だと残り50%は他の株主のことを考えなければならない。だから「100%でなければやらない」と貫きました。

――今日はありがとうございました。とても勉強になりました。

インタビューを終えて

髙田旭人社長とは初対面。しかし不思議なほど意気投合した。それは髙田社長がジャパネットの経営で目指す方向と、トルネード式仮説検証の方向が同じだからだろう。髙田社長は完璧を求めず、スピード重視で仮説を作っている。仕事に向かう姿勢は「もったいない」「サッサと決めよう」。しかし必ずシンプルな事実とロジックの裏付けがあり、合理性を重視し、「想い」を何よりも大切にしている。「同じ意見でも、根拠ある仮説があって検証するAさんにはイエス、思いつきのBさんにはノーって言うことはある」という話も参考になった。

また髙田社長は、現場を理解するのにとても多くの時間と労力を使っている。

最近、企業の不祥事会見で、「現場を把握できなかった」「現場が悪い」と言うトップが多い。現場とトップの乖離《かいり》は、日本の組織が「衰退パターン」に陥る兆候だ。

一方で「大組織のトップが現場をチェックするのはムリだ」という意見もある。本当にそうだろうか？

内部からの情報リークで明るみになる不祥事は多い。現場の人たちは必ずアラートを出しているということだ。現場のアラートが社外に流れる前に、トップが敏感に察知する仕組みなら、作れるはずだ。

「『何かあったら言ってよ』と言うのは無責任な上司」と考え、現場が言いやすい空気を作り、社員とのコミュニケーションの仕組みづくりに魂を込め続ける髙田社長の姿は、多くの企業にとって参考になるはずだ。

日本マクドナルド株式会社

1971年創業、いまや日本の外食産業で
圧倒的な存在である日本マクドナルド。
2014～2015年には異物混入騒ぎ等に揺れたが、
再び成長軌道を取り戻している。
仮説検証を徹底する組織が、なぜ低迷に陥り、復活したのか？

日本マクドナルドの
全店売上と営業利益の推移

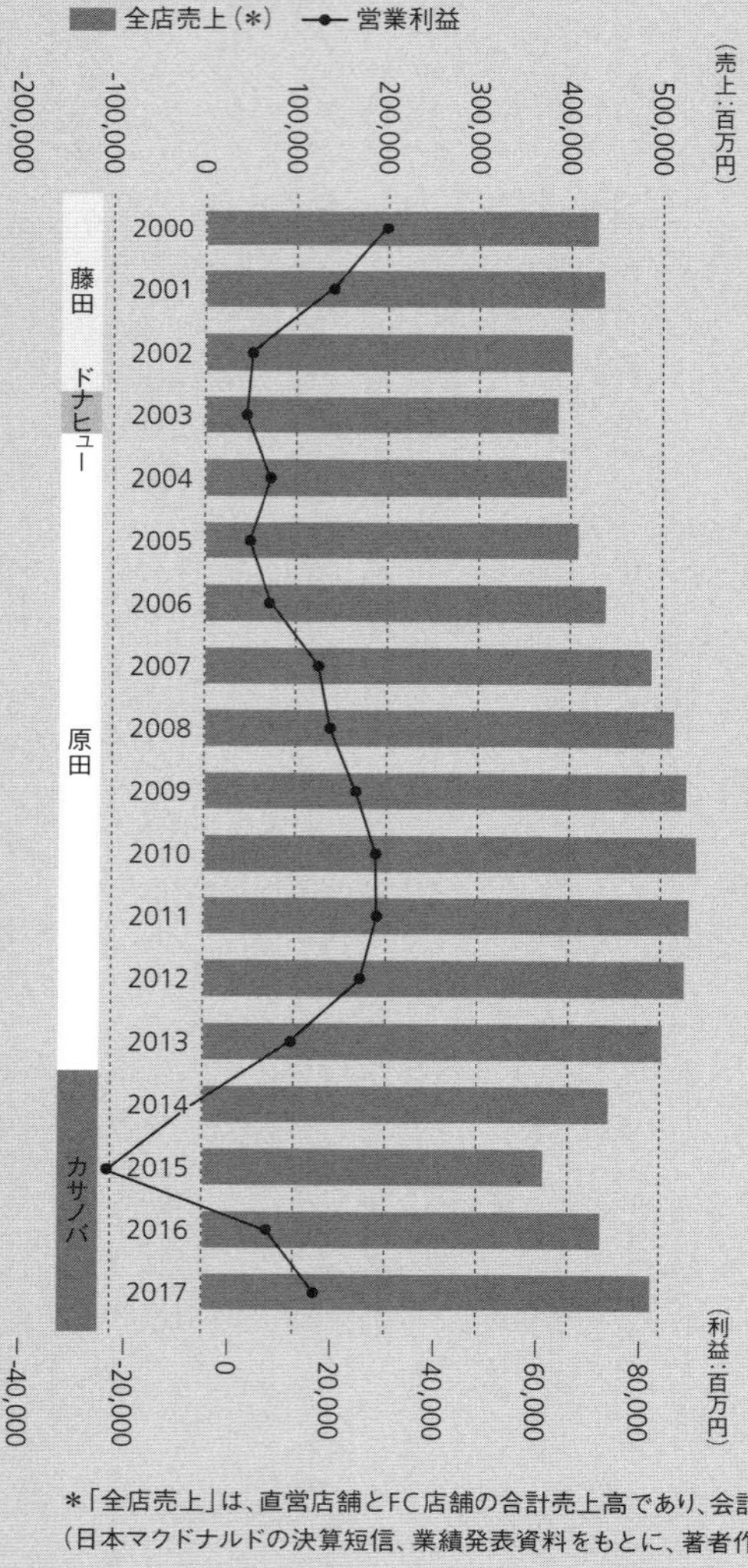

＊「全店売上」は、直営店舗とFC店舗の合計売上高であり、会計上の売上高とは一致しない。
（日本マクドナルドの決算短信、業績発表資料をもとに、著者作成）

日本マクドナルドについて

2014年、チキンマックナゲットを製造委託された中国の食品加工会社で変色肉を扱っている衝撃的な動画が公開された（※）。その後も異物混入事件で揺れ続けた日本マクドナルドの2015年売上は、2010年のピーク時から3割減少する危機に陥った。しかし2016年から再び成長を取り戻し、2017年には史上最高利益を記録するまでに復活している。

※後日厚生労働省のホームページで、該当の肉は日本に入っていないことが公表された。

マクドナルドには「QSC」という言葉がある。Quality（品質の追求）、Service（心地よいサービス）、Cleanliness（清潔で快適な環境）の頭文字だ。

マクドナルドは創業以来、常にQSCを追求し続けてきた。同社は2003年にも経営危機に陥ったことがある。この時に陣頭指揮を執った原田泳幸《えいこう》前CEOも、QS

Cを徹底的に見直し、2004年から2010年まで増収増益を達成した。

またマクドナルドは仮説検証を徹底する企業としても知られている。全世界で展開する社内人材育成機関「ハンバーガー大学」でも、仮説検証を徹底的に教えている。

ではQSC向上と仮説検証を徹底するマクドナルドが、なぜ低迷に陥り、そして復活したのか？ そこには低迷に悩む日本企業への大きなヒントがあるはずだ。しかしメディア情報を読むだけでは、その理由がよくわからない。

そこで日本マクドナルドで40年間働き続けマクドナルドを知り尽くし、現在はサラ・カサノバCEOと二人三脚で変革の陣頭指揮を執る下平篤雄副社長兼COOにお話を伺った。

10年毎に変わってきたビジネスモデル

——御社は常にQSCを追求し、仮説検証も徹底されてきました。しかし2014年、厳しい状況に陥りました。なぜそのようになったと思われますか？

下平篤雄副社長兼COO（以下、下平） 2018年で、マクドナルドが日本でビジネスを始めてから47年目、私が働き始めて40年目です。実は日本マクドナルド自体は、同じシステムで動いています。しかしビジネスモデルは大体10年毎に変わり続けています。大きな分かれ目は、お客様と市場の変化の見極めと対応が速いか遅いかですね。私が入社した1980年頃も「もうダメかもしれない」と苦しんでいました。当時の店舗数は300くらい。外からは、売上も利益も伸びていて成長企業と見られていましたが、内部では勢いがなくなっていました。

——意外です。ずっと成長を続けているイメージだったので……。

下平 1980年、1990年、2000年、そして今回と10年毎に非常に苦しむ時期を繰り返してきました。そのたびに変革をして、成長してきました。たとえば、時代とともにお客様のライフスタイルが変わるので、競合の状況も変化します。創業の1971年は、ハンバーガーレストランの競合は皆無。1980年頃はファミレス、今はコンビニやカフェです。市場やお客様のマインドの変化をいかに真っ先に見つけて、具体的な対応をするかがカギです。

――創業者の藤田田《でん》さんはいかがでしたか？

下平 天才です。対応がものすごく速かったですね。自分であらゆる情報を取り込み、サプライチェーンや店舗展開に深く入り込み、具体的に指揮していました。藤田さんだからこそ最初の10年に成長ができたと思います。

――1980年代の当時、藤田田さんは時代の寵児《ちょうじ》でした。

下平 経営者は、目の前に起こる事実をもとに、どう考えるかが大事です。そして計画を立てる。ただ、どんなに正しい計画を立てても、情熱や想いがないと絶対にうまくいきません。実行に必要なことはリーダーの経験や情熱、想いだと思います。最初の「解決すべき問題」を決めるのはとても大事だと思います。その瞬間の想いの強さ・深さが明確で、正しくて、深い思考と幅があれば、自然と仮説や実行のアクションプランも出て一挙に実行まで行くし、結果も出てくる。一方で、「解決すべき問題」も常に変わります。一瞬でも満足したら、そこでおしまいです。

――「現状」もどんどん変わっていきます。

下平 今回がまさにそうでした。日本マクドナルドが創業した頃、市場にはオポチュニティが膨大だったので、少しくらい戦略を間違えても戻って修正できました。今は市場が成熟している状況ですので大きな間違いは許されません。2000年頃から役員として経営に参画していますが、今、一番緊張感があります。

――一方で、新しい挑戦も必要です。実際にやってみないとわからないことも多い。「失敗してはダメ」と萎縮《いしゅく》すると、新しい挑戦も難しいのではないでしょうか？

下平 挑戦は勘です。正しいかどうかはわかりません。当たる勘を養うためには、データを見た上で、あらゆる可能性について深い思考を行い、お客様とコミュニケーションして、現場に行きスタッフとともに検証する作業がとても重要です。

知らない間にお客様が見えなくなっていた

下平　たとえば以前から、私たちは店舗を「見える化」するシステムをグローバルで持っていました。膨大なデータがあり、現状のお客様の状況もわかる。おそらく今でも世界トップクラスです。ただこれはすべて、店舗を通して見た内部のデータです。ビジネスが厳しくなった時に立ち返ったのは、「我々はカスタマーファーストでやってきたけど、本当に直接的にお客様のことをわかっていたのか？」ということです。

――知らない間に、内部の視点だけになっていた、と。

下平　その通りです。たとえば当社の品質管理には絶対の自信がありました。しかし、どうしてお客様に品質管理について信用していただけないのか。そこで第三者の専門家にご意見を伺いました。品質管理のシステム自体は素晴らしいものだとは褒めていただいたのですが、「それだけで満足していませんか？　ちゃんとお客様に伝えていますか？」と言われました。

――品質管理を充分に伝えきれず、風評被害拡大につながったのかもしれませんね。

下平　事実を深く見ることが出発点でした。たとえば2015年にお客様が30％も減りました。それでも以前の70％のお客様が来店されている。ではどんなお客様が来店されているか？　当初、何があってもマクドナルドが好きというお客様にご来店いただき、来店いただけなくなったのは値段が一番、というお客様だろう、と思っていました。さらにお客様の声をお伺いしたら、事実は逆。マックが大好きなお客様が離れていました。「最近マックらしさがない」「楽しくなさそうだ」「働いている人も元気がない」という厳しいお言葉でした。ショックでしたね。

――いわゆるロイヤルカスタマーが離れていたのですね。

下平　これは、考えを根本的に改めてお客様に寄り添わないと復活はないぞ、と思い知らされました。たとえば私たちはレストランなので、もちろんお店はきれいにしていたつもりでした。しかしお客様の期待はもっと高くて「マックは汚い」「スマイルがまったくない」「あいさつできない」というお叱りもたくさんいただきました。そこで2015年4月に発表した4つのビジネスリカバリープランの最初は〈よりお客様にフォーカスしたアクション〉と決めて、オペレーションの改善等、細かいアクションを数百項目。すべてお客様のご期待にお応えすることにしました。

お客様のあらゆるご意見に、徹底してきめ細かく対応

――具体的には？

下平　たとえば専門家のご指摘があった品質管理では、お客様にQRコードで商品の原材料をご確認いただけるようにしました。また「マックは汚い」というお客様のご意見をよくお聞きしましたので、根本的な解決が必要だと判断し、古くなった内装の店をフランチャイズの皆さんにご協力いただいて何百億円も使って全店改装を進めました。

――そういえば、お店も清潔になったように感じます。

下平　マクドナルドの基本理念QSCの一つである「クレンリネス（清潔さ）」も徹底的に見直しました。たとえば以前は、「客席に清掃道具を置くと清潔感がなくなる」との考えで、客席内にほうきとちり取りは置きませんでした。ピーク時間帯には多くのお客様が来店して食事をされますので、ピークが終わってから清掃していました。その時は正しい判断だったと思っていますが、今のお客様のご期待はもっと高くなっています。お客様がお食事されたあと、次のお客様がテーブルについてポテトのひとかけらでも目に留まることがあったら、その時点でアウトなんです。

そこで客席に置いてもよいように、小型のこぎれいなほうきとちり取りを開発しました。私たちは店舗スタッフを、船のスタッフにたとえて「クルー」と呼びますが、クルーが常にポーチに清掃道具を入れて持ち歩き、ゴミをすぐ掃除するようにして、その様子もお客様に見えるようにしました。モップも汚い感じがするので、小さい使い捨てモップを開発し、お客様に見えるようにしました。このようにクレンリネスについても「見える化」しました。さらに清潔さの徹底と快適な食事環境を目指し、全店禁煙のコミュニケーションも強化しました。

——QSCには、「サービス」もあります。

下平　サービスマニュアルもすべて変えました。これまでのマニュアルは効率を求める面がありました。そこで「誠実さ」や「ホスピタリティ」をより重視し、あいさつの仕方やタイミングも変えました。そして、マクドナルドの強みであるスマイルの強化策として「スマイル￥０《ゼロエン》」を復活しました。またマニュアルは文字をたくさん読む必要がありましたが、外国人クルーには難しいので、写真で誰でもわかるようにしました。

——とても多くの細かい改善をされていますね。

下平　お客様の視点に立って、事実をもとに必要なアクションを考えて、できることはすべて少しずつ改善してきましたね。

——２０１５年４月に「ＫＯＤＯ（コド）」というスマホアプリを発表されました。店舗でアンケートに答えるとクーポンがもらえる仕組みです。

下平　来店されたお客様がどのように感じたか、事実がわかる極めて重要なデータです。さらに「お友達やご家族にお勧めするか?」というアンケートではＮＰＳ（Net Promoter Score）といって、お客様満足度の変化もわかります。大切なのは、店舗に「評価には一切使いません。お客様のコメントはよく見て、改善できるところはすぐ改善してください」と伝えたことです。

――評価に使わないのは大切なことですね。

下平　店舗もスコアは、隠すようなことはしませんが、透明性を確保してオープンにしています。14万人のクルー全員が、ＫＯＤＯを知っています。店へのコメントはクルールームに「今日のお客様コメント」として貼り出して全員で見ていますし、お客様のコメントへのご返事も、店内に貼っています。ＫＯＤＯの全社スコアは、２０１５年第３四半期からＮＰＳで大きく改善しています。このスコアは、お客様の印象そのものなので、必ずビジネスに結びつきます。

「解決すべき問題」が解決した時こそ、正念場

下平　ここまではある意味想定内で、2年前も「何とかこのくらいはできる」と信じていました。問題はこのあとです。2017年後半から全店に「このレベルで満足していては、私たちは絶対に今後の成長はないぞ」とハッパをかけています。

――「解決すべき問題」が解決した時こそ、正念場ですね。

下平　まさにリカバリーが終わった時こそ、本当の力が試されます。これまでの努力でお客様にご満足いただいても、お客様の期待は必ずもう一段上がっています。これまでのやり方は通用しなくなる。そこをさらに超えなければ、必ず再び厳しい状況になります。当たり前のことです。でもいい状況ではなかなかアクションを起こせません。私たちはサービス企業ですから、ゴールはありません。お客様の体験を一歩一歩向上する努力を、常に謙虚に行っていくのみです。

――図（次ページ）のように、お客様の期待は常に変わっていくので、「現状」も「あるべき姿」も常に変わる。常に解決すべき課題を見つけていかなければならない、

「新たなあるべき姿」を決め、
「解決すべき問題」を設定し、挑戦を続ける

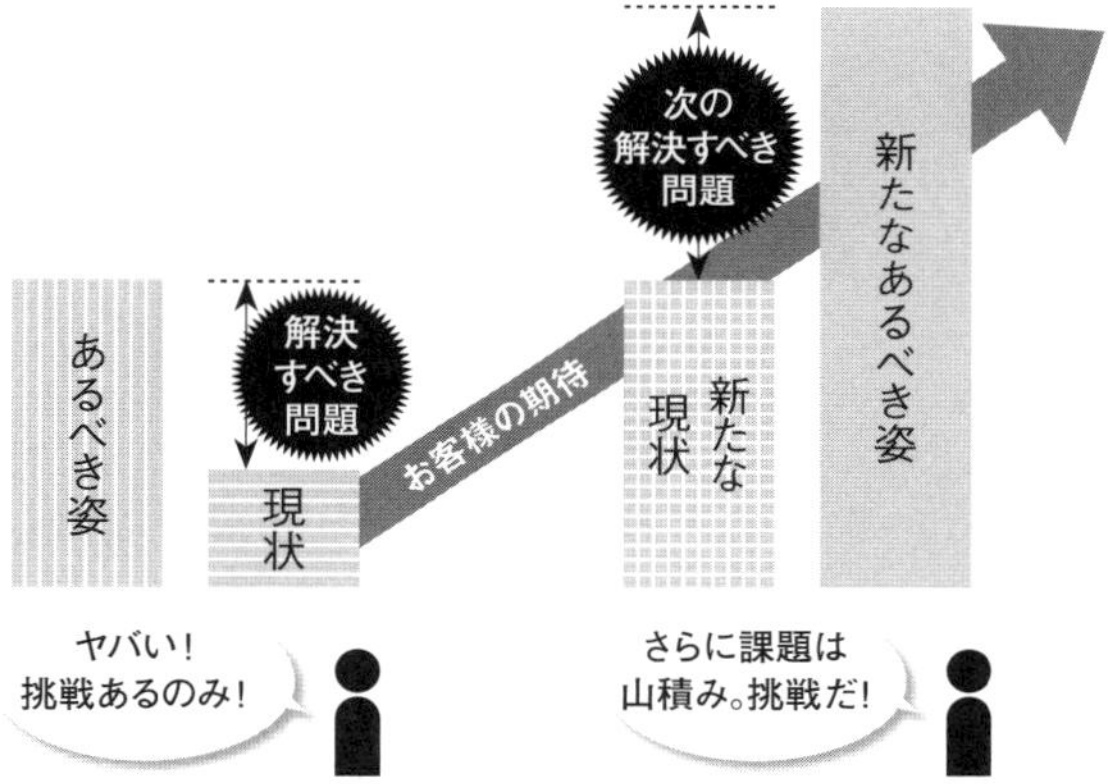

ということですね。

下平　そうです。マネジメントでも色々議論しています。

——どのような方向に向かうのでしょうか？

下平　お客様の店舗体験や利便性をさらに上げて、その結果でブランドを向上することです。そのためにお客様の目に見える形で、色々なイノベーションを起こしていく必要があります。たとえば先日、キャッシュレスにも対応しました。ただ投資をしても、お客様体験が向上しないと、逆にお客様の満足度が下がるというおそろしい結果になります。きちんとお客様にお応えし、次の投資に向かえる成長を

するのが大事です。

――KODOはその方向性を教えてくれるのでしょうか？

下平　もう明確に出ますね。改善したところについては、KODOのコメントがさらに高いレベルに変わっていきます。

――現場とは、どのように議論をなさっていますか？

下平　ストアーツアー（店内、厨房《ちゅうぼう》をお客様に見学してもらうこと）や、ウェブ会議などを活用して、各地域のスタッフと毎週、QSCのデータや店舗の状況などを見て議論しています。

――厳しい状況の時、「マックらしさが失われた」というお客様の声があった、ということでした。「マクドナルドらしさ」はどこにあるとお考えでしょうか？

下平　実はそんなに複雑なことではない、と思います。今まで日本でマクドナルドが成功してきた理由は簡単で、「ピープルビジネス」というビジネスモデルだからです。来店されるお客様から見て一番大切なのは、クルーの「スマイル」です。お客様に「スマイル」を感じていただくためにはクルーが幸せと思うこと。クルーが成長することで圧倒的に仕事が楽しくなり、お客様へのサービスをやりがいがある仕組みにすることが一番大切です。

――実際にクルーの人たちはいかがでしょうか？

下平　「今の若い人たちは」とよく言われますが、うちのクルーを見るとすごく進化しています。毎年、全国のクルーのオペレーションコンテストがあります。甲子園のように全国の店舗から勝ち抜いて年間最優秀者を選ぶもので、〈オール・ジャパン・クルー・コンテスト（ＡＪＣＣ）〉と言います。スマイルの質、スピード、テクニックは年々向上していますし、ポテトを作るスピードもどんどん速くなっています。そういうのを目の当たりにすると、みんな頑張っているなと思いますし、自分ももっと努力していかないといけないと心から思います。

――本日はありがとうございました。

インタビューを終えて

日本マクドナルドは創業以来、10年毎に苦しむ時期を経験し、そのたびに進化してきた。2014年の厳しい時期もその一過程だった。「あるべき姿」と「現状」は常に変わっていく。だから「解決すべき課題」も常に見直していかなければならない。たとえばかつてマクドナルドでは、ハンバーガーは作り置きだった。QSC見直しの一環で、「お客様に、新鮮で作り立てのハンバーガーをご提供しよう」と考え、受注生産方式に変えたのが、原田前CEOだ。当時はこれが評価された。しかしいつの間にか当たり前になってしまう。「あるべき姿」は必ず陳腐化する。その時、本当の危機がやってくる。これはマクドナルドに限らないことだ。

下平さんへの取材の数日後、AJCCを取材した。都内にある実店舗に全国選出の精鋭クルーが集まり、接客の様子を審査員が採点していく。参加クルーは10代後半から20代。まさに「今どきの若い人たち」だ。

キッチン内を取材する機会もあった。ここはまさに「ハンバーガー製造工場」。客の注文に合わせ、クルーたちの見事な連係作業により、もの凄いスピードでハンバーガーやマックフライポテトが生産されていく。

その日の授賞式。各部門の優勝クルーたちが表彰された。笑顔でガッツポーズする人。感動で泣く人。「今日の店舗の売上は、これまでの最高の〇〇〇万円」と発表があると全員が拍手喝采《かっさい》。まるで試合に勝って喜び合うチームメートのようだった。


AJCCで審査を担当していた部長が語った言葉が印象的だった。

「苦境に陥ったとか回復したとか言われますが、店舗が目指すことは何も変わっていません。確かにやり方は少し変えました。でもクルーを育てること、お客様を大切にすること。これは何も変わっていません」

彼は受賞を逃したクルーにこう声をかけるそうだ。

「今日は勝者になれなかった。これからの長い人生で、勝者になれ」

手塩にかけて育てたマクドナルドのクルーも、就職などにより数年間で卒業していく。マクドナルドはそんな彼らの人生の一部を預かり、育てている。こうして育てたクルーが全国で累計約３００万人いるそうだ。実に日本の40人に一人の計算になる。「ビジネスを支える根幹は人である」ということを、日本マクドナルドの取材を通じて、改めて実感した。

株式会社ソラコム

2015年に創業し、世界のIoTインフラ企業を目指して、驚異的な成長を続ける日本発のテクノロジーベンチャー、ソラコム。爆速で成長するスタートアップの社内では、何が起こっているのか？

ソラコムのユーザーアカウント数

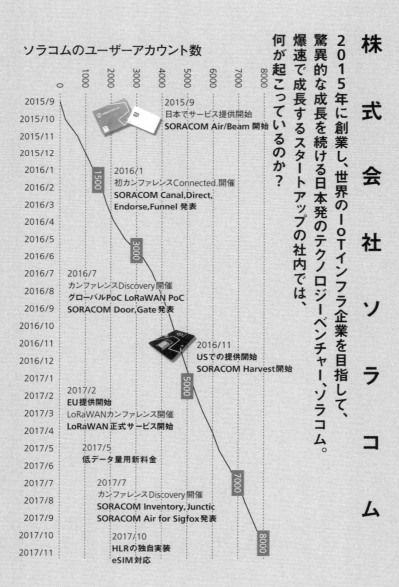

ソラコムについて

群れから孤立した雌牛は乳の出が悪いそうだ。牧場の乳牛の首輪に、GPSと体温・運動量などのセンサーを取りつけ、リアルタイムに計測することで、牛乳の生産性を改善できる。北海道帯広市のあるスタートアップが始めている取り組みだ。このように、あらゆるモノをインターネットにつなげて新たな価値を生み出す仕組みを、IoT（モノのインターネット化）という。

ただ従来、IoTのハードルは高かった。携帯電話のネットワークを使えば、牛がいるような屋外でもすぐつながる。しかし、その契約形態と専門性から、誰もがすぐに使い始められるとはいえない状況だった。IoTは大量のモノがつながってデータをやりとりするが、人が使う携帯電話と同じデータ通信料金プランでは合わないし、設定や管理も大変だ。これを最新技術で劇的に安く手軽にして、一気に身近にしたのが、2015年創業のソラコムだ。2017年11月時点の顧客数は8000以上。2017年にはKDDIが200億円で買収し（「日本経済新聞」2017年8月3日）、話題になった。

なぜベンチャーのソラコムがこんなことをできるのか、仕組みを簡単に説明しよう。

あらゆるモノをネットにつなげるには、全国をカバーする通信ネットワークが必要だ。ソラコムは通信キャリア（ドコモやＫＤＤＩ）の基地局を利用することでこれを可能にしている。

このためにソラコムは、ＩｏＴ向けのデータ通信ＳＩＭを提供している。ＳＩＭとは携帯電話に必ずついている小さなカードで、通信キャリアの基地局接続に必要な情報や機能が入っている。まず顧客は、ソラコムのウェブサイトや、アマゾンの通販サイトで販売しているソラコムのＳＩＭを買い、ネットにつなげたい機器につける。

通常の携帯電話の場合、ＳＩＭから基地局に流れたデータは、通信キャリアの巨大なデータセンターに送られて処理される。

ソラコムは、通信キャリアが高価な専用機器で構築する巨大なデータセンターの機能を、アマゾンウェブサービス（ＡＷＳ）のクラウド上で、ソフトウェアだけで作ってしまった。アマゾンのクラウド上に作ったおかげで、大きなメリットが得られた。

ソラコムで一気に身近になったIoTビジネス

Before

- 1台あたり月数千円（携帯電話が前提）
- 大規模展開は困難
- 煩雑な契約
- IoT機器の通信の設定・管理

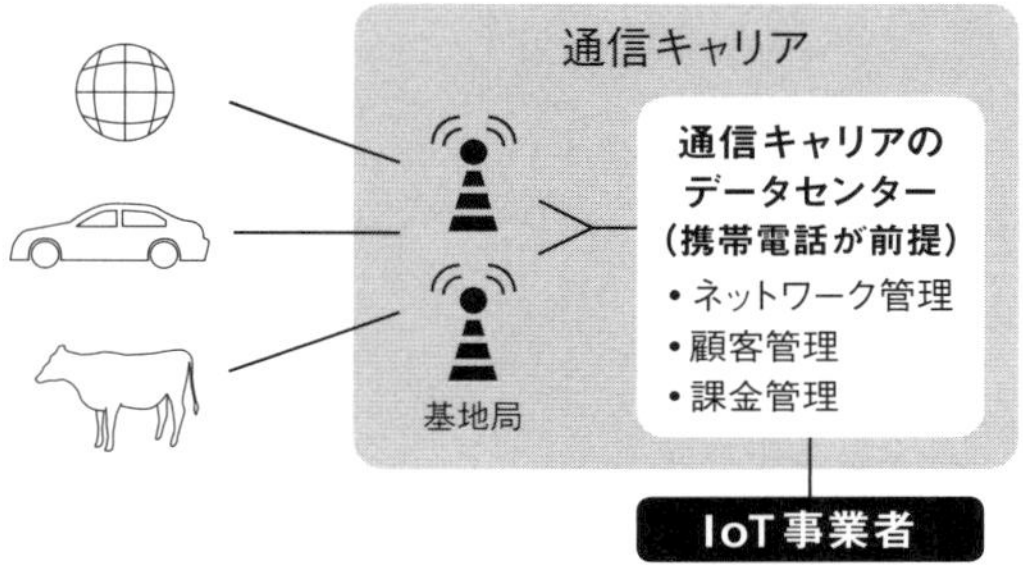

After

- 1台あたり月数百円（IoT機器が前提）
- 1台から始めて、大規模展開まで対応
- いつでも契約、いつでも中止
- 全IoT機器の通信をウェブで簡単に管理・監視

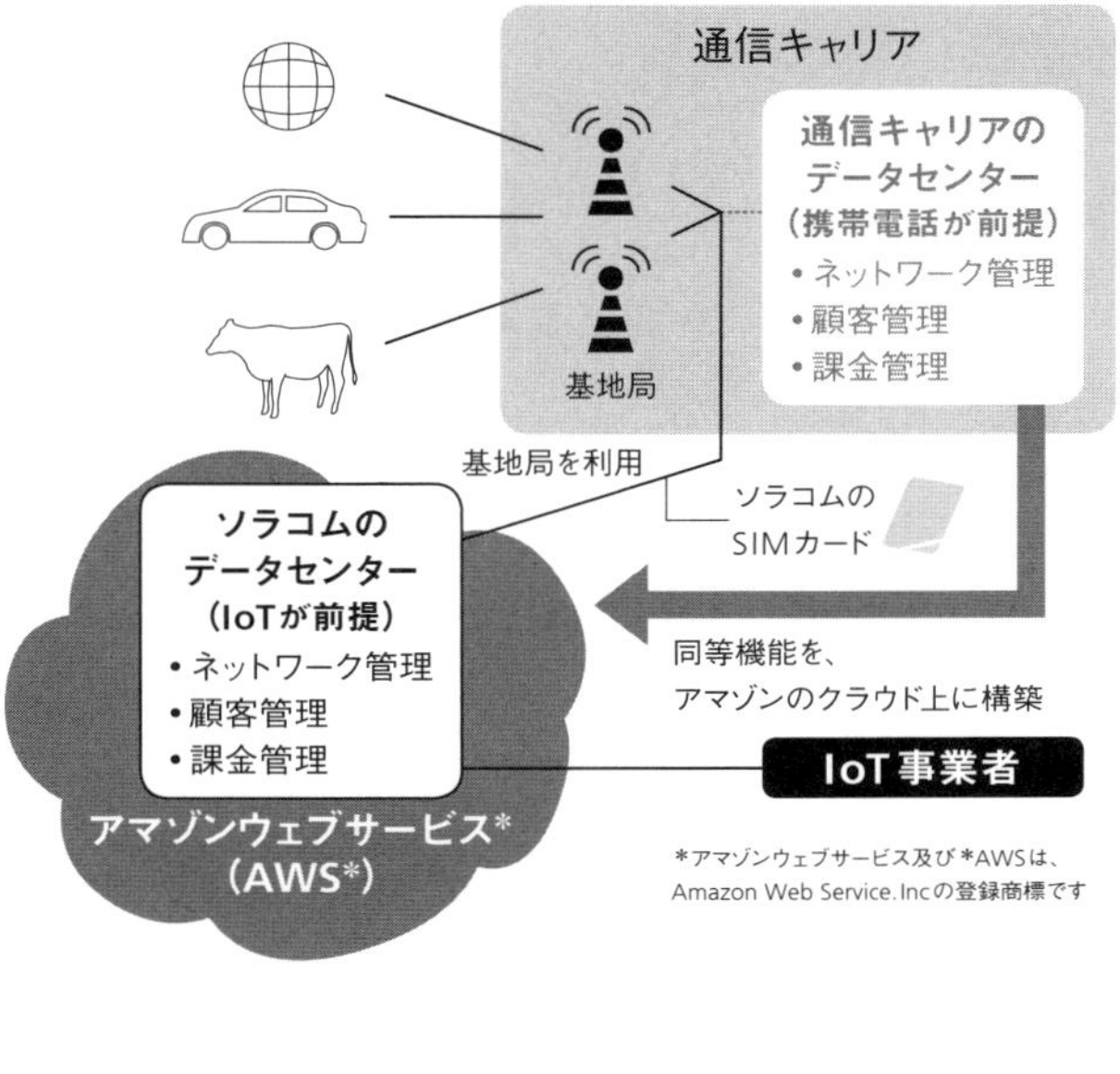

顧客が増えて膨大な数の機器がつながった場合も迅速にシステムを拡張できる。さらに、顧客はウェブブラウザから自分の管理する通信を簡単に設定・管理できる。料金も安価だ。たとえば、バスの位置情報（数ＫＢ）を１分間に１回送信しても、月にかかる費用はバス１台あたり３０３円程度だ。

通信キャリアのデータセンターをアマゾンクラウドの上に作るのは、技術的な難易度がとても高い挑戦だった。しかし玉川憲社長のもとにトップレベルの少数精鋭エンジニアが集結、わずか半年間で完成させた。発表したら大反響。顧客はこんな仕組みを待っていた。

ソラコム登場でＩｏＴは一気に身近になった。そしてソラコムは世界のＩｏＴ通信基盤を目指して、驚異的な成長を続けている。

玉川社長は、日本ＩＢＭやアマゾンのクラウド事業（ＡＷＳ）の技術統括部長などを経て、ソラコムを創業した。

「全速力で駆け抜けろ」という合い言葉のもと、短期間で驚異的な成長を続けるソラコムの中は、どのように動いているのか？　玉川社長にお話を伺った。

ビジョンに賛同したメンバーが、強力チームを作る

――玉川さんはとても順風満帆に見えますが、失敗から学んだ経験をお聞かせいただけますか？

玉川憲社長（以下、玉川）　普通の企業だと、失敗のイメージは「怒られる」とか、ネガティブですよね。僕らは「失敗を責める奴がいたら、そいつを責めようよ」と思っています。新しいことに挑戦しているので正解なんて誰もわからない。果敢に挑戦し、スピーディにやることが大事です。躊躇《ちゅうちょ》して「失敗したら怒られる」というと誰も手を出しませんよね。

――むしろ積極的に失敗しろと？

玉川　ただ「失敗を責めるな」というテクニック論だけでもダメ。根本的な取り組みが必要です。そもそも「技術的なイノベーションで、世界のヒトとモノをつなげて、世界をより良くしよう」と考えて、ソラコムを始めました。ではどんなチームでやるか？　これを創業前に〈リーダーシップ・ステートメント〉という15の

言葉でまとめて、賛同したメンバーにソラコムへ入社してもらっています。ただ固執しすぎも良くないので、このリーダーシップ・ステートメントも、3ヶ月に1回、全員で読んで変えています。

――徹底していますね。

玉川　スタートアップは2通りのやり方があります。「まず黒字化して堅実に成長」と「一度に大きく資金調達して一気に成長」。僕は後者を選びました。だからスピード命。躊躇していると、社員30人いたら30人の給料分、お金が減ります。「食糧1ヶ月分しか積んでいない漂流船に乗って宝島を目指すなら、何を躊躇しているんですか」ということです。おかげさまで今は漂流船状態を抜けましたが（笑）。だから、そういうビジョンやカルチャーに賛同した人が集まった尖った組織でやっています。このチームが半年間で一気にリリースとかに挑戦して、うまくいくととても嬉しいですね。

――無関心な人や反対派がいるとうまくいかないことも多いですよね。

玉川　賛同メンバーだけなので、その点は楽ですね。このリーダーシップ・ステートメントも外向けに公開しています（次ページ参照）。たとえば"Likability"は「一緒に働いて楽しいチームでいよう」という意味です。チームに属する個人もフェアでオープンな誠意ある言動をする。ソラコムは販売もサービスも、お客様が自分で行うセルフサービスモデルなので、幅広く多くの人に使っていただきたいと思っていますから。

――世の中は透明になっている。だからこそ良きチームであろう、ということですね。リーダーシップ・ステートメントは3ヶ月に1回振り返っているということですが、詳しく教えていただけますか？

玉川　丸一日、全員で「この3ヶ月で一番Just Do Itだった人は誰だろう？」みたいな話をして、互いに認め合います。その振り返りも、「あの人のあの時の判断は、リーダーシップ・ステートメントのこれに適《かな》っている」と全員で確認しています。基本的に全員参加で、しっかり時間をかけてこの議論をしています。しっこくやっているので、皆に浸透しています。

――手間をかけていますね。

SORACOM リーダーシップ・ステートメント

Customer Centric	**顧客中心に考える**：顧客の声を傾聴し、真のニーズを理解し、サービスに反映させていく。競合の動きに囚われない。
Proactive	**未来を明るく肯定する**：自らとチームの力で未来が良い方向に変えられると信じ、オーナーシップを持つ。他人のせいにせず、今自分に何ができるかを考え行動する。
Just Do It	**まずはやってみる**：常に100%を目指すよりも、適正な品質とスピードを重視する。計算されたリスクをとり、たとえ失敗してもそこから学ぶ。
Kaizen	**カイゼンする**：あらゆる業務において、現場でのカイゼンで余力を作り、新しいことに取り組む。細かな事象だけに捉われず、抜本的に変えるには何が足りないかを常に意識する。
Think Without Boundaries	**殻を破って考える**：既存の制約や組織に囚われず、多角的に広い範囲で物事を観て、より大きな問題解決をし、イノベーションを起こす。
Dive Deep	**詳細にこだわる**：本質、理を理解するため、直感のみに頼らず、データを元に検証する。
Respectfully Disagree, and Commit	**敬意を持って異議を唱える**：皆のために意見を言った上で、チームの最終的な決定には従う。
Emotionally Mature	**豊かな心を持つ**：チームの感情やムードの大切さを理解した上で行動し、チームのモチベーションを高める。内省的で、自らの弱さや過ちを口にすることを厭わない。一時的な負の感情に支配されない。
Connected Trust	**信頼関係を大切にする**：常に相手に敬意を持ち、責任ある仕事を通じて、信頼を得る。信頼関係を重ね、人と人をつなげる。
Are Right A Lot	**正しい判断をする**：良心と良識に基づいた判断をスピーディに下す。多様な意見に傾聴し、自分の意見を訂正することも厭わない。
Likability	**一緒に働いて楽しい人に**：どんなときもユーモアを忘れず、周囲を力づける。フェアでオープンなプラットフォーム事業を支える一員として、常にふさわしい行動をとる。
Avoid Muda	**ムダを省く**：本質的なことにお金や時間をつかう。運用コストを下げてお客様に還元する。
Develop Dream Team	**最高のチームを創る**：常に最高の人材を選び、採用の基準を下げない。挑戦と育成を重視し、チーム力を上げる。
Share Everything You Can	**良きも悪きも共有する**：チーム全体で情報を共有し、喜びは倍増させ、悲しみは半減させる。チーム全体での事実ベースの透明なコミュニケーションを行い、サイロを作らない。
Deliver Results	**結果を出す**：目的達成へ、継続的に粘り強く努力し、最後までやり遂げる。

玉川　一見面倒ですが、実は楽なんです。「これについては、僕らは"Just Do It"って言っているよね。そこでゆっくりやるのって何かおかしくない？」みたいに、議論でも個人攻撃になりません。

――チームの判断基準もしっかりしますね。

玉川　ソラコムはテクノロジーイノベーションを重視しています。昔は日本でも、ソニー、トヨタ、パナソニックがそういう会社でした。でもＩＴの世界では、日本発でそんな会社はほとんどありません。外資系がイノベーションを起こしています。欧米的な思想を、日本のカルチャーにいかに融合させるかですね。だから"Likability"や"Avoid Muda"みたいなものもあります。

スパイラルで成長していく

――創業後、半年間は一切情報を出さず開発に専念。２０１５年９月に発表と同時にサービスを開始し、一気にユーザーを増やしました。最初の段階で、お客様ニーズをどのように把握して、検証したのでしょうか？

玉川　アマゾンで企業にクラウド活用をご提案していた頃から、お客様から「どうすれば、自販機や家電のいろいろなモノが出すデータをクラウドに入れられますか?」と聞かれていたんですよ。

――使いやすくて手頃なＩｏＴ専用の通信がなくて、欲しいお客様がいた、と。

玉川　このお客様はこういった機能が欲しいだろうな、と見えていました。そこでソラコムを立ち上げて、開発を始めたんですが、本当に大丈夫か確認するために、〈プライベートベータ〉という試行プログラムを行いました。発表２ヶ月前からいくつかのお客様と機密保持契約を結び、「興味があったら使ってみませんか？発表までは無償でお試しいただけます」と紹介して、結果をフィードバックしてもらいました。

――どうやってはじめにお試しいただく会社を選んだのですか？

玉川　顔が見えていて、信頼関係があり、フィードバックをいただけて、理想を言えば事例としてご紹介させていただけることですね。結果的には、前職からお世話になっているお客様やパートナーさんがほとんどでした。

――信頼関係とフィードバックは大切ですね。反応がないお客様もいますから。

玉川　学生のスタートアップではムリですね。僕は今41歳ですが、僕らが40歳前後のスタートアップで、業界でお客様との信頼関係があるからこそできる。若者が多いというイメージがあるシリコンバレーでも、実際には企業向けサービスのスタートアップは平均年齢40歳前後です。

――まさに玉川さんのキャリアみたいな人ですね。

玉川　「IBMにいました」「アマゾンでクラウドやっていました」と言うと、お話を聞いていただけることは多いですね。

――いつも発表当日に、即サービスを開始しています。

玉川　思い立ったらすぐに使えないと。「2週間後です」と言われたらもう忘れます(笑)。使い始めのハードルを徹底的に下げています。

――ソラコムのサービスをお客様に提供するパートナーの数は、発表時で20社。今

（２０１７年11月）は４１０社。もの凄い勢いで増えています。

玉川　最初にプライベートベータをやって、『これは通信機器を売るパートナーさんと組まないとムリだ』とわかったんです。僕らは通信サービスしか提供していないので。

――実際にやってみてわかることも多いのでしょうか？

玉川　お客様に教えていただいています。僕らが良いサービスを出すと、使ったお客様から「こんなことできる？」と聞かれます。「どうして必要なんですか？」と深めていきます。たとえば日本のメーカーが通信機能をつけた商品を世界で売る場合、今までＳＩＭは各国毎に異なるので、現地でＳＩＭを差し替えていました。これでは不便なので、ソラコムとの契約だけで、１枚のＳＩＭで世界中で使えるグローバルＳＩＭを出しました。

――メーカー側のコスト削減ですね。

玉川　さらに「ＳＩＭ差し替えも面倒」ということで、チップ型ＳＩＭという回路基盤に埋め込むタイプも出して、製品に組み込めるようにしました。

――お客様の要望に対応する時は、どのようにして決めていますか？

玉川　ソラコムはプラットフォームなので、お客様の要望をソラコムがやるべきなのか、その判断はとても重要です。しっかり議論して、その都度ベストな判断をしています。

――それは、目指す目標が明確だから？

玉川　そこは結構大事なポイントで、「目標」って、人によって捉え方が違いますよね。たとえば売上目標の数字を絶対守ろうとすると、受託開発とか、あるいは大企業に大きく値下げして大量販売すれば楽に達成できるかもしれません。でも本当に僕らがやりたいのはそれじゃない。人間は弱いもので、数字で目標を立てると、数字達成のために楽なことをしがちです。本当にやりたいことは、数字にできないことも多いですよね。僕は、「僕らが目指すことを実現できたら、気持ちいいよね」といつも言っています。数字はその達成状況を確認する健康診断の数値みたいなものと考えています。

――僕もフルマラソン4時間完走を目標に、毎月200キロ、1年間走りました。速くなりましたが、鏡を見たらゲッソリ痩せて、「何のためにやっているんだっけ」と。さらに50歳を過ぎたらマラソン突然死も多いとわかり……。「健康のためなら死んでもいい」はシャレにならないので（笑）、走る距離は半分にしました。

玉川　数字至上主義に固執すると、本当にやりたかったことから逸れていってしまうこともあります。

「一緒にご飯を食べること」が大切。仲間意識を育む

――チームの議論をとても大切にされていますが、人数の上限はどうでしょう？

玉川　以前20人の時は定例会議で順番に一人1分話せましたが、30人を超えると一言も発しない人が出てきますし時間もかかります。そこで今はチャットツールを使って、各自のその日の活動報告や、困っていること、気づきと改善ポイントなどを先に共有しています。これを電話会議の最初10分、全員で黙々と読んで、共有

すべき情報や相談をクイックに話して、15分で終わらせています。

――ツールを使えばある程度の限界は超えられるということですね。

玉川 一方で人間なので、直接会ったり、一緒にご飯を食べることもすごく大事。これは定期的に行っています。隔週で金曜夕方5時からはハッピーアワーという、ビールや軽食をつまみながらカジュアルにトークする時間にしたり、当社は普段はリモートワークも許可しているのですが、隔週月曜日はリモートで働く人も会社に来て顔を見せ合うようにしたり、毎月ランチ会もしています。

――一緒に食べることが大事なんですね。

玉川 特別な意味がありますね。たとえばチャットって文字だけなので、お互いの個性を知らないと、やり取りがすれ違うこともあります（笑）。でも実際に会って相手との信頼関係があれば、万が一腹が立っても、話し合うことができます。

――人間関係をとても重視していますね。

玉川 お互いの距離が近くて、一緒にやろうという雰囲気がないと、偉大なチームになれませんよね。僕らは少人数チームで世間を驚かそうと思っているので、「良いチーム」がやるべきことはやっています。会社というより「良いサービスを作って世の中に打って出よう」という同じ志を持つ仲間。同じ船に乗った仲間といった感じです。「この仕事お願いします」という依頼事もほとんどありません。ボールは落ちていれば、誰かが取ります。

ニックネームで対等に議論。そしてパッションとロジカルのバランス

――会社の「コレやりたい！」と、個人の「コレやりたい！」という気持ちが明確で、その実現のために、仮説検証サイクルを回しているように感じます。

玉川　新製品リリースも、まさに仮説を立てている感じです。値つけも製品名も本当にウンウン言って、こうでもない、ああでもないと考えています。でも振り返ると、実はそれが楽しいんです。仕事の面白さはこういうところにあると思いますね。

――やりたいことが明確だから仕事も楽しいのですね。一方で低迷する組織だと、必ずしも自分がやりたい仕事をしていないし、事実ベースの議論も少ないですね。

玉川　平等に議論を戦わせない会社が多いのでは？　ソラコムは「さんづけ」を禁止しています。新メンバーが入社したら僕のことは「ケン」と呼んでもらいます。もちろん新メンバーも自己紹介の時にニックネームをつけます。慣れるまでしんどいですが、「玉川社長」だとその時点で対等になりません。議論の立ち位置として、まずは対等。その上で「やりたいんです！」みたいなパッションも重視しながら、「事実ベースでこう考えた」というロジカルシンキングも重視していま す。そのバランスがとても大切ですね。議論は、準備してお互いに真剣にならないとできないので、しんどいですよね。でもやればやるほど、必ず良いものになる。

――事実とロジックを徹底した議論は大事ですね。

玉川　お互いに「みんなでいいものにしよう」って思っているから、協力し合うんですね。各自が得意技を持っているので、それをぶつけ合ってやっています。こうやってどんどんアイデアが形になっていきます。

――ソラコムがどのように仕事を進めているか、その取り組みがよくわかりました。ありがとうございました。

インタビューを終えて

ソラコムは最先端のテクノロジースタートアップだ。しかし合理性を追求するだけでなく、会社も個人も、「コレやりたい!」というパッションを大切にしている。そして徹底的に仮説を考え抜き、実に謙虚に事実で検証している。

ソラコムは問題意識を共有する仲間が集まり、「同じ船に乗った仲間同士」で少人数が爆発的な力を生み出し、世界を変えようとしている。

また日本の組織が「衰退パターン」に陥ると、個人攻撃をおそれ、正論を戦わせることを避ける傾向がある。リーダーシップ・ステートメントを議論の根拠とし、個人攻撃を避けつつ、「あるべき姿」に向かって事実に基づき熱く活発な議論をして成長するソラコムは、日本の組織でも参考になるはずだ。

血が通った生身の人間同士がチームで働く組織だからこそ、ソラコムは「人とは何か?」「チームとは何か?」を考え抜き、パッションとロジカルのバランスを取るために多大な努力を払って、企業文化に定着させようとしている。

「ウチは大企業だ。スタートアップとは違う」と考える人もいるかもしれない。しかし玉川さん自身、ＩＢＭやアマゾンでマネジメントの要職を経験した上で、ソラコムを経営している。その洞察は、大企業でも必ず役立つはずだ。

3社の取材から学んだこと

実は3社に取材申し入れをした際、次のようなご返事が多かった。

「当社のやり方は、世の中にある様々な方法論や自分たちの経験を取り入れて、試行錯誤して生み出したものです。『トルネード式仮説検証』という方法論をやったわけではないですよ」

「ウチのやり方は、単なる方法論ではありません。深い思い入れが出発点です。単なる方法論として紹介されるのは困るのですが」

しかし3社へのインタビューを終えてみると、3社とも驚くほど共通点が多かった。3社は、業界も違えば、状況も、会社の規模も異なる。これは考えてみれば、興味深いことだ。

まず合理性を徹底的に追求する一方で、社員一人一人のパッションややりがいをとても大切にしている。

組織として明確な「コレやりたい！」という方向性があり、社員の「コレやりたい！」という想いと一致させるために多大な努力を払っている。

現場を徹底重視している。トップが現場で起こっていることを常に把握し、さらに現場からの異常を察知できるように、日常業務の中にその仕組みを組み入れている。

常に新しいことに挑戦している。仮説を立てて実行し、その結果を顧客や市場から謙虚に学び続けている。

現実の企業での取り組み事例としても、本章をぜひ参考にして欲しい。

第4章

「実際にどうすればいいのか」問題と対応策

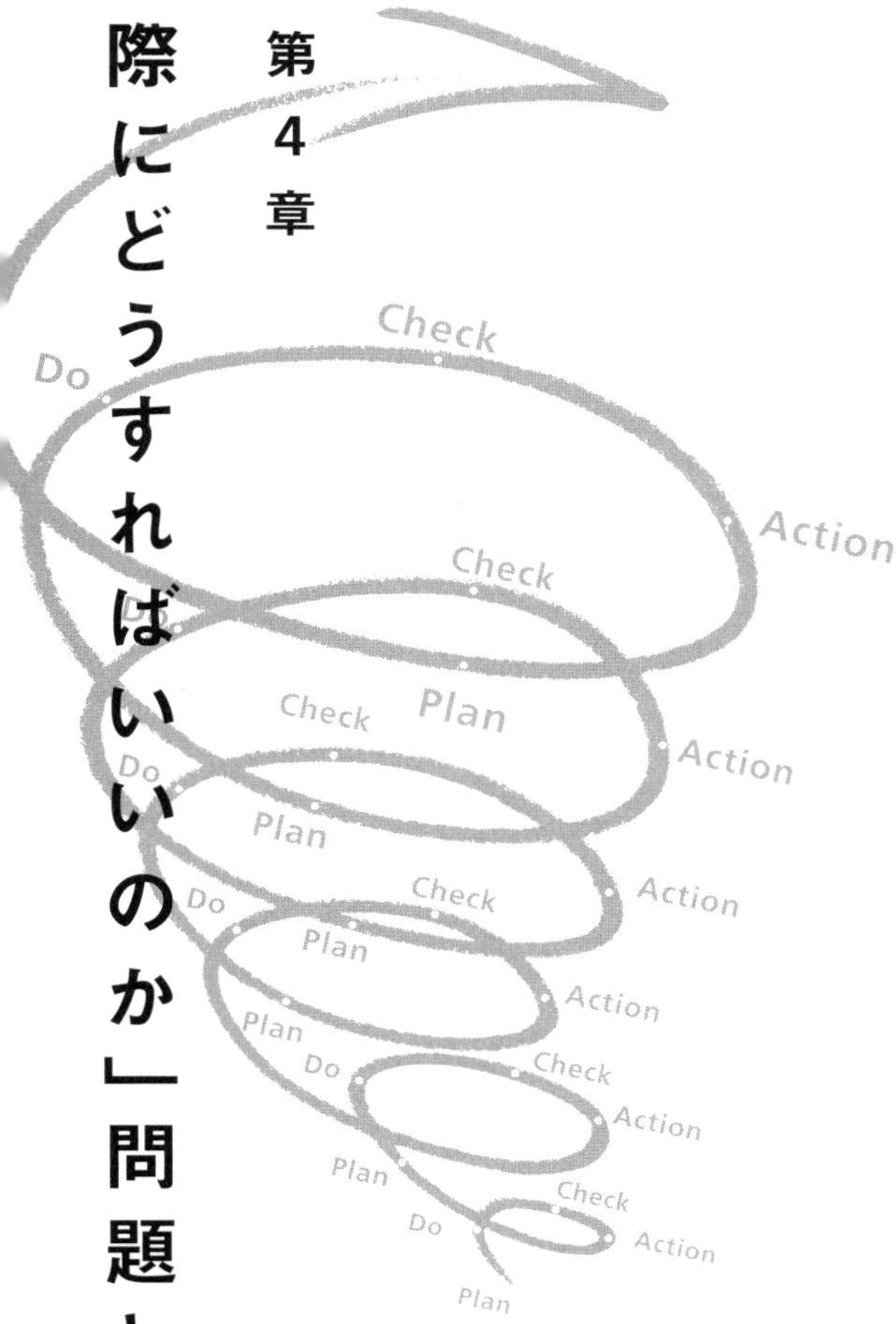

第2章までは「トルネード式仮説検証」の考え方を、第3章では「成長パターン」企業でその考え方がいかに実践されているかを見てきた。しかしあなたは同時にこう思うかもしれない。

「自分もやってみたいけど、ウチの会社では現実には難しいなぁ」

現実に会社の中で「トルネード式仮説検証」を行おうとすると、様々な壁にぶつかることが少なくない。慣れ親しんだ今までとは異なる考え方なので壁にぶつかるのは当然のことだ。しかしこれらの壁は克服できる。そこで第4章では「トルネード式仮説検証」を実際に行う上で直面する問題と対応策を紹介する。

問題01 「『解決すべき問題』が思いつかない……」

➡「あるべき姿」を考え抜く

「『解決すべき問題』を考えましょう」と言うと、こんな思いが顔に出る人が多い。

「いや、『解決すべき問題』なんて、特にないけど……」

これは日頃から「あるべき姿」を考えていないからだ。日々の仕事を受け身でこなしていると、こうなりがちだ。ぜひ「あるべき姿」を考えて欲しい。必ず「現状」とのギャップ、つまり「解決すべき問題」が見つかるはずだ。

たとえばこう考えてみると、どうだろうか？

「自分の会社は大きく成長しているだろうか？」

もし成長していなければ、そのこと自体が「解決すべき問題」だ。低成長の業界でも、成長する企業がある。自分の会社はどうすれば成長できるだろうか？

逆に大きく成長していたら、成長に伴う様々な問題が次々と生まれているはずだ。たとえば「人が足りない」「生産が追いつかない」……。これらが「解決すべき問題」だ。

どんな状況でも、必ず「解決すべき問題」がある。現実には問題があるのに、危機感を持たず「問題はない」と考えるから、低迷するのだ。まずは本来の「あるべき姿」は何か、考え抜くことだ。

「衰退パターン」は、「現状＝あるべき姿」と考え、慢心するところから始まることを思い出して欲しい。まずはあなたが「あるべき姿」を高く掲げ、「解決すべき問題」を考え抜き、危機感を持つことだ。

その出発点はあなたの「コレやりたい！」「こうしたい！」という強い想いだ。

しかし多くの日本のビジネスパーソンは、職場で自分の想いを封印し、カギを掛けてしまっている。それが日本社会の閉塞感を生み出している。まずはあなた自身の心のカギを開けて、想いを解き放つことだ。もっと自分本位になっていい。

「どこか行き詰まりを感じる」という人も同じだ。

本当のところ、自分はどうしたいのか。言い換えれば自分の「あるべき姿」と「現状」との差が「解決すべき問題」なのだ。

問題02「チームを作ったけど、何をやればいいの？」

➡その順番を見直そう

新たに組織がトップダウンで「トルネード式仮説検証」に取り組むことになった。

社内の各部署から精鋭メンバーが集められチームに分かれた。「『あるべき姿』を考え、『解決すべき問題』を決めて、仮説検証で問題解決をしてください」と指示される。

しかし集められたメンバーは「何をやればいいの?」と当惑する。最初の議論で結論が出ず、その後もなかなか進まない。そして「この方法はダメだ」という結論になる。

これは順番が間違っている。

「トルネード式仮説検証」は、上から言われてやるものではないからだ。最初からチームを作るのではない。人を集めて「このチームでやることを決めてください」と指示しても進まない。「解決したい問題」があることが先で、チームづくりはその後だ。

もしあなたの組織で「トルネード式仮説検証」を試行するならば、まずは「解決したい問題」を持つ人を募るところから始めるべきだ。そして問題意識に共感する人たちを集めてチームを作る。もし集まらなければムリにチームは作らない。自然淘汰《とうた》の原則に任せる。あくまで、同じ問題意識を持つ人が集まったチームで、「解決したい問題」に取り組むべきなのだ。

問題03「チームの意見がまとまらない」
⬇人数を減らせ

チームで延々と議論をしてもまとまらないことは少なくない。多くの場合、人数が多すぎる。日本人の高い気配り能力が悪い方に発揮されてしまうのだ。

人数が多すぎると、あまり話さない人に意見を聞いたり、全員が反対しない落としどころを見つけるといった意見調整作業に時間が使われるようになる。しかしこの意見調整作業は何も生み出さない。さらに人数が多すぎると、反対派や無関心な人も入るようになる。反対派や無関心な人は、黙っているだけでも、チームのエネルギーを吸い取っていく。

時間も人的コストも、もったいない。だから思いきって人数を減らすことだ。最大

7名。理想は3〜5名だ。8名以上になったらテーマを分けてチームを分割すべきだ。

問題04「やる気がない参加者がいる」

➡無理強いせず、外れてもらう

チームは「ぜひやりたい」という人だけで組むべきだが、会社の「大人の事情」で、やる気がない人がチームに入ることがある。

その人がネガティブな意見を言わない限りは、無理強いは禁物だ。最初はやる気がなくても、熱い議論をしているうちにやる気が出てくることもあるからだ。

しかし中にはやる気にならずエネルギーを吸い取り続けたり、ネガティブな意見ばかり言う人もいる。これは、この人にとってもチームにとっても不幸だ。こんな時は誠実に話し合ってプロジェクトの趣旨を理解してもらい、チームから外れていただくことが必要だ。「トルネード式仮説検証」は、正式な組織でなく、全員参加でもなく、出入り自由なプロジェクトチームで進めることを提唱している。ここはプロジェクトチームの良さを活かしたいところだ。

問題05 「最初の仮説が作れない」

⬇あなたの想いを、事実で裏付ける

仮説は思いつきではなく根拠を持った上で、スピーディに作るべきだ。

しかし「そうはいっても、思いつきじゃなく、根拠ある仮説を作るにはどうすればいいの？」という人も多いだろう。

あまり難しく考える必要はない。「この問題を解決したい」と考えた人は、「こうすればいいんじゃないか？」という何らかの直感があるはずだ。その直感をもとに、大まかな叩き台を作ればいい。それをお客さんの言葉などで裏付ける。たとえばこのようなものだ。

「ウチの食品を『美味《おい》しいけど、量が多くて買えないなぁ』と言うシニアのご夫婦がいた。当社の食品は4人家族用しかない。2人暮らしのシニア夫婦が増えているから、より小さい包装を用意すれば、新しい顧客に売れるかもしれない」

このようにお客様の行動や言葉は、仮説を作るヒントであり、材料だ。あなた自身の「こうしたい」「こうあるべきだ」という強い想いをもとに、お客様の事実データで裏付けて、仮説を作っていけばいい。

そもそも100%正解の仮説を目指す必要はない。80点で上出来。大まかに考えすぐ実行すれば、正しいかどうかはわかる。間違ったらすぐに修正すればいい。むしろ100%正解の仮説を作る力があるなら、その力で80点の仮説を5個作りすぐ試すようにした方が、ずっといい結果になる。

問題06「仮説が検証できない」
➡顧客に実験しよう

仮説を立ててもなかなか検証しない人は少なくない。中には検証せずに、社内にこもったまま延々議論と開発を続け、新商品発表まで一気に進んでしまう場合もある。

これは最悪。発表しても的外れの商品で、大失敗に終わる。

検証の基本ルールは、シンプルだ。

「すべての答えは、お客様にある」

新商品開発の仮説は、社内にいても絶対に検証できない。必ず商品を提供するターゲット顧客で検証する。できれば実際にお金を出して商品を買ってもらえるか、実験で確認できればベストだ。

参考になるのが、1999年に米国で靴のオンライン販売を始めたザッポスだ。

当時は、商品のネット販売が始まった頃。靴がオンラインで売れるかどうかなんて、いくら調査しても誰もわからない。顧客にアンケートしても、結果が正しいか怪しいものだ。さらに当時はネット販売のサイトを作るには多くのヒト・モノ・カネが必要だった時代だ。そこでザッポス創業者は実験で確かめることにした。

まず近所の靴屋に出かけ、許可を得て商品を撮影し、写真をウェブサイトに掲載した。注文が入ったら靴屋から実費で購入して配送することにした。この簡単な仕組みを数日で作った。実験で試したら、充分な数の顧客がネットで靴を買うことがわかった。ザッポスはその後急成長して、アマゾンに高額で買収された。

第1章で紹介したようにセブン-イレブンも、まだ24時間営業の店舗がほとんどない頃、24時間営業すると店舗の売上が大きく増えるのを実験で確かめた。

お客さんの意見を聞こうとする人もいる。まったく聞かないよりは、聞く方がはるかにマシだ。しかし意見を聞くだけでは不十分だ。重要なのは「事実」。できれば、実際にお客様がお金を払うか、実験で検証したいところだ。

問題07「議論が散漫になり、収束しない」

⬇必ず仮説に立ち戻ろう

仮説の実行結果を検証する際、チームで議論が散漫になることがある。

「この結果は、こういうことだと思う」

「いや、こういう意味ではないか？」

「こんな要因もあるのでは？」

活発な議論で意見が次々と出てくること自体は決して悪いことではない。ただ散漫になったまま、収束しないとしたら問題だ。一つの原因は、当初の仮説を忘れてしまうからだ。

「トルネード式仮説検証」の基本は、「実行した学びをもとに仮説を進化させること」。だから結果が出たら必ず仮説に立ち戻り、その仮説をいかに進化させるかを考える。

たとえば問題05では、次の仮説を例として紹介した。

「ウチの食品を『美味しいけど、量が多くて買えないなぁ』と言うシニアのご夫婦がいた。当社の食品は4人家族用しかない。2人暮らしのシニア夫婦が増えているから、より小さい包装を用意すれば、新しい顧客に売れるかもしれない」

そこで実際に小包装で試験販売したら、「シニアの夫婦はあまり買わず、むしろ若者の方が買った」という結果になったとしよう。ここで先の仮説に立ち戻るのだ。

小包装は売れたのだから、ある顧客層にアピールしているのは事実だ。しかしシニアの夫婦でなく、若者が買っている。仮説は次のように進化できるかもしれない。

「当社の食品は4人家族用しかない。小包装の試験販売では、若者が買った。若者を中心に個食ニーズが増えていると想定できる。小包装を用意すれば、この新市場を押さえられるかもしれない」

このように仮説を一段階進化させれば、「では本当に若者にアピールするか?」を検証するために、若者が多い地域で試験販売することで、さらに仮説の精度が上がる。

このように仮説を進化させるには、議論や議事録を必ず記録として残すことが必要だ。ホワイトボードの写真でもいいし、議事録をメール、あるいはSNSのログに残してもいい。前の議論の記録に立ち戻り、「もとは何をやりたかったのか?」「何を解決したいのか?」という視点で見直すと、散漫になった議論の中から焦点を当てるべきものが浮かび上がってくる。こうして仮説を進化させていくのだ。

問題08「なかなか決められない」

⬇ 議論は民主主義、決定は独裁で

チームで仮説に戻って議論しても、結論が決まらない場合がある。ここで検討すべ

きなのは、平等主義をやめることだ。

議論には2つの段階がある。アイデアを出す段階と、出てきた複数のアイデアから選ぶ段階だ。アイデアを出す段階では、民主主義スタイルで様々なアイデアを奨励すべきだ。しかし選ぶ段階で民主主義を引きずると、なかなか決められない。あらゆる意見を取り入れた折衷案《せっちゅうあん》になったりすると最悪だ。たとえ仲間同士では納得しても折衷案では成果が出ない。

選ぶ段階で意見が収束しない場合は、リーダー役の人があえて「独裁」で決めるべきだ。

その際、リーダーは、チームメンバーが納得できるような首尾一貫したリーダーシップを発揮すべきだ。「そもそも『解決したい問題』は何か?」を常に意識し、必要であれば、チームの議論が脇道に逸れ始めたら方向修正することも、リーダーの大切な役目だ。

問題09「決めたことが進んでいない」

⬇アクションプランを決め、確認しよう

さんざん議論してやることを決めたのに、次に集まったら何も進んでいない。皆、バツが悪そうだ。

「いやぁ、忙しくってつい……」

よくあることだ。彼らに悪気はない。プロジェクトで進めている。彼らは普段の仕事と掛け持ちだ。仕事に戻るとプロジェクトの方はついつい後回しになる。

これは「何を」「誰が」「いつまでに」やるかが明確になっていないからだ。特に日本の組織では個人の責任範囲が不明確なので、こうなりがちだ。

対応策は、きちんとアクションプランを決めることだ。

「何をやるのか？」「誰がやるのか？」「いつまでにやるのか？」

この3つを具体的に決める。次ページの表はその例だ。

アクションプランの例

何をやるのか?	誰がやるのか?	いつまでに?
❶ お客様課題インタビューの叩き台を作成	鈴木	4月10日
❷ ❶を使いA社、B社、C社に課題をインタビューし、結果を社内ネットで報告	高橋（A社） 山田（B社、C社）	4月13日

そしてアクションプランでこの3つを決めたら、必ず結果を確認し、チームで共有する。基本的に「トルネード式仮説検証」はメンバーの自由裁量で進めるが、これは決して「仕事をいい加減に進めていい」ということではない。自発的に集まった仲間の貴重な時間を使うからこそ、プロジェクトマネジメントはキッチリと行う必要がある。

そして、「アクションプランをキッチリと決める」→「結果を確認する」という地道な作業を繰り返すことで、はじめて仮説検証プロセスが進むのだ。

問題10「やることが多すぎる」

⬇最優先2割以外は、バッサリ捨てる

問題09で紹介した「決めたことが進んでいない」理由は、もう一つある。

やるべきことが多すぎるのだ。

「トルネード式仮説検証」では、これまで気がつかなかった発見がたくさん出てくる。議論を始めると「これは重要だ」「これもやるべきだ」とアイデアが次々に出てくる。放置するとアクションプランはどんどん膨れ上がる。真面目に全部やろうとすると忙しくなる一方だ。チームが5人しかいないのに30個もアクションプランが出てきたりすると、もう実施もフォローも不可能。そんなアクションプランは放置される。

「トルネード式仮説検証」では有志がプロジェクトとして取り組むので、メンバーは皆、別に本業を抱えている。プロジェクトが忙しくなり本業にも影響が出ると、本末転倒だ。

「結果の80％は、全体の上位20％が生み出す」という「パレートの法則」がある。やることが多すぎる時の対応策は、出てきたアイデアの8割を思い切ってバッサリと捨ててしまうことだ。

まず出てきたアイデアに優先順位をつける。出てきたアイデアの多くは、「解決すべき問題」と直接関係がないことも多い。そのせいでアクションプランがどんどん膨らんでしまう。

チームメンバーはプロジェクトの専門家だ。「これで本当に『解決すべき問題』が解決するか？」という勘が働くはずだ。この勘で優先順位をつける。そして最優先の2割だけに集中する。

時間は限られている。あらゆることに対応している時間も労力もない。成果が出ないことも含めてすべてをやろうとするから忙しくなるのだ。

「あるべき姿」というゴールを目指して、最短距離を狙い、優先順位が高くないものは思いきってバッサリ捨てて、一番成果が出ることだけにチームの力を結集する。そしてもし時間が余ったら、休みを取り英気を養う方がはるかにマシだ。

問題11「失敗が怖い。なかなか学べない」

⬇あなたは悪くない。原因が必ずある

本書は一貫して「失敗からの学び」を提唱しているが、「そうは言っても失敗は怖い。失敗から学ぶのは難しい」という人にもよく出会う。

誰もが「絶対に成功させる」という強い想いでプロジェクトに取り組んでいる。失敗して気持ちが落ち込むのは、人間として当たり前のことだ。時には心が折れそうになることもあるだろう。

ここで必要なのは、「失敗したのは、自分が悪いのではない」と考えることだ。失敗には必ず原因がある。たとえば試験で不合格になったのは、自分が悪いからではない。試験の回答を間違ったからだ。間違った箇所を把握し、正しく回答できるようになれば、合格する。自分を責めるだけでは、次も不合格だ。

できるだけ早く「自分が悪いのではなく、どこかに必ず原因がある」と気持ちを切り換えて、原因探しを始めることだ。

原因探しを「成長の大きなチャンス」と考え、ゲーム感覚で楽しめるようになればしめたもの。そうして失敗を乗り越えれば、必ず成長する。

あなたの身近には、失敗しても落ち込まずに、楽しそうに再挑戦する人がいないだろうか？　その人は、決して精神がタフなのではない。失敗の捉え方が少し違うだけなのだ。

その人も「絶対に成功させる」という強い想いでプロジェクトを進めている。しかし心のどこかで失敗を前提に考えて、「万が一失敗したら、こうしよう」と事前に対策も考えている。だから失敗からの立ち直りが早いのだ。

問題12「失敗の繰り返しで心が折れそうだ」

⬇まさにチャンス！

「トルネード式仮説検証」の本質は失敗からの学びだ。当初は失敗が多い。たとえば

「失敗＝学び」の蓄積が、成功を呼び込む

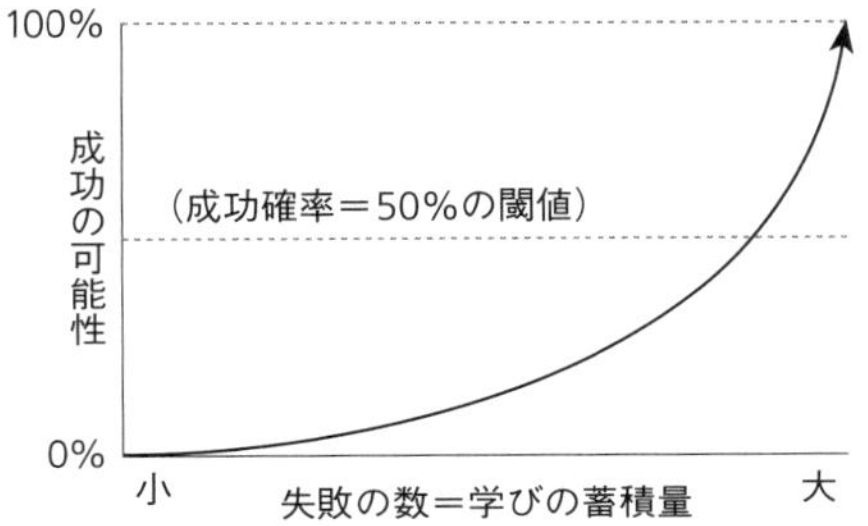

新商品開発で、ターゲット顧客や課題がどうしても見つからなかったり、試作品がなかなか動かなかったり……。

誰もやったことがなく、多くの人が「ムリ」という課題に挑戦していると、膨大な数の失敗を繰り返すこともある。

現実にはこのような失敗からチームは必ず学びを蓄積している。確かに最初は失敗ばかりだし成功確率も低い。しかし失敗からの学びの蓄積量が、ある閾値《いきち》を超えると、急に色色なものが見えるようになり、成功の可能性は急激に高まっていく。図にすると上のようになる。

確かに失敗を繰り返すとしんどいだろう。

しかし正念場だ。こう考えるべきなのだ。

「これらの失敗からの学びの蓄積が、私たちしか持っていないすごい武器になる」

泥臭くやり続けることだ。

ホリエモンこと堀江貴文さんが創業したロケットベンチャー「インターステラ」が、観測ロケット「MOMO（モモ）」初号機を打ち上げた時のこと。数多くの見学客が見守る中、ロケット打ち上げは失敗した。民間が単独で開発した国内初の宇宙ロケットであり、大きく注目されていただけに、メディア各社は一斉に失敗を報じた。

「再三の延期、通信不良　ほろ苦初挑戦」

「初の民間ロケット失敗」

「高さ不足『格安』初挑戦は失敗」

しかしこの時、堀江さんはこう語っている。

「ものすごく多くのデータが取れた。必ず成功させる」

従来のロケットは特注部品の塊で、とても高コストだ。そこで堀江さんたちは「もっと安く打ち上げられるスーパーカブみたいなロケットを作りたい」という想いで、数分の一のコストを目指している。部品や測定機器は秋葉原やネットオークションで仕入れた安い民生品だ。この初号機打ち上げ前も、ロケットエンジンテストなどで膨大な失敗を積み重ねている。

堀江さんは、誰もがムリという問題に挑戦し、失敗から地道に学びを蓄積することが、とてつもなく大きな武器になることを熟知しているのだ。

第2章で述べたように、世の中には解決すべき課題が山積みだ。その課題こそが大きなチャンスだ。解決すれば圧倒的に有利な立場に立てる。逆に誰でも解決できる問題を解決してもあまり評価されないし、そもそもあまりワクワクしない。だから挑戦するのであれば、「そんなのムリ」と言われるくらいの課題の方がいい。

ただ、中止を判断すべきタイミングもある。

それはあなたが、そのプロジェクトに情熱を持てなくなった時だ。

「トルネード式仮説検証」の出発点は、「コレやりたい！」という強い想いだ。その想いがあるから、少々ムリめな挑戦でも続けられる。しかしその想いがなくなった時、ムリして続けるのは辛いことだ。

だからもし挫《くじ》けそうになった時は、自分にこう問いかけてみて欲しい。

「これは、本当に自分がやりたいことなのだろうか？」

その答えで、自ずから方向が見えてくるはずだ。

堀江さんたちは、「このロケットビジネスは必ず成功する」と強く信じているからこそ、困難なプロジェクトにも取り組んでいるのである。

問題13「速すぎてしんどい」

➡ジョギングと同じで、要は「慣れ」

「トルネード式仮説検証」で仕事を行うようになると、仕事スピードが数倍から10倍以上になる。たとえば、これまで1ヶ月間かけてじっくりと検討されていた新プロジェクトが、半日で実施が決定され、1週間後に結果報告が求められるようになる。すると多くの人からこんな反応が来るようになる。

「仕事のスピードは速くなったが、ものすごくしんどい。これまで時間をかけて検討していたのに、いまやすぐに結果が求められるようになる」

しかしそんな人たちも、「トルネード式仮説検証」を半年間続けると、こう変わる。

「このスピード感が当たり前になった。他の仕事もこのスピードでやっていきたい」

話はやや脱線するが、私は子供の頃から運動が大嫌い。ほとんど運動しなかった。20代はガリガリだったが、30代中頃になると次第にハラが出てきた。試しにジョギングを始めたら、5分のスロージョグで息も脈拍も一気に上昇。ヒイヒイ言いながら「もうムリ」と思ったものだ。

しかし汗をかくと意外と爽快だ。実は「運動が大嫌い」と思っていた私は「食わず嫌い」だったのである。1ヶ月後にはスロージョグを1時間続けられるようになった。1年後にはハーフマラソン、1年半後にはフルマラソンに参加できるようになった。身体が慣れたのだ。今では週にジョギングを3回行っている。

このジョギングと同じなのだ。

海外で成長するライバル企業は、「駆け足」で仕事を進めている。

一方で日本の低迷企業は、実施までの意思決定に時間がかかりすぎている。休みながらゆっくり歩いているようなものだ。だから急にジョギングを始めると最初は身体のあちこちが筋肉痛で悲鳴をあげる。しかし必ず慣れる。半年も経《た》つと「このスピード感が当たり前」と感じる。

「食わず嫌い」も同じだ。やってみると意外と新しい発見があり、成果も出て、仕事も速くなる。慣れて当たり前になるとしめたもの。ビジネスはスピード勝負だ。国内の同じ業界のライバルたちが相変わらずゆっくりと動いていれば、速く動くだけで、商品力や営業力が同じでも、ライバルに対して圧倒的に強い立場に立てる。そして海外の強大なライバルとも勝負できるようになる。

問題14「やりたいけど上司がトップダウンでムリ」

➡まずは考えを話してみよう

『トルネード式仮説検証』をやりたいのですが、上司がトップダウンなのでムリです」と言う人も少なくない。しかしこれは思い込みであることも多い。

なぜ上司がトップダウンでやっているのか、上司の立場で考えてみよう。

私の経験では、彼らは多くの場合、こう考えている。

「俺の部下は、言われたことしかしない」

「トップダウンで言わないと、なかなか動かない」

「自分たちで考えて動いて欲しいよなぁ」

意外かもしれないが、彼らは部下からの前向きな提案を求めていることが多い。しかし部下から前向きな提案がないと感じているので、トップダウンスタイルを貫いていたりする。

だから『あるべき姿』『解決すべき問題』『仮説』をこう考えた。挑戦させて欲しい」と、熱意を込めてあなたの覚悟を伝えれば、上司はサポートしてくれることが多いはずだ。

ただ、『トルネード式仮説検証』というのがあるんですけど、やらせてもらえませんか？」と言うだけでは認めてくれないだろう。上司は「こいつは本当にちゃんと考えているのか？」と値踏みしているからだ。

まずは、自分なりに「あるべき姿」「解決すべき問題」「仮説」を考え抜く。そして上司の立場に立って、具体的に考えた結果を、熱意を持って提案してみる。そうすると、意外とスムーズに動くものだ。

問題15「Mr.ノーがいる」

⬇まずは小さな成果を出し、素直に相談しよう

「トルネード式仮説検証」では、チームに反対派を入れないのが鉄則だ。

しかし現実のビジネスでは様々なしがらみで、「絶対ダメ。ノーだ」と言い続けている反対派が、プロジェクトを進める上でキーマンになることもある。その人にも同意してもらわなければ進まない。こんな時、どうするか？

反対派には2種類ある。「良性の反対派」と「悪性の反対派」だ。

キーマンになる人は過去に高い実績があることが多い。成功体験を持っている。新しいことに取り組む場合、この過去の成功体験が先入観になり、「それではうまくい

くわけがない」と言わせているケースが多い。言い換えれば、親心で「良かれ」と考え、その結果、反対派となっている。これが「良性の反対派」だ。問題は、その過去の成功体験が、すでに通用しなくなっていることが多いことだ。

そんな「良性の反対派」への対策は、まずは小さな成果を挙げ、反対派を賛成派に変えることだ。

たとえば「自分の経験では、お客様は値引きしか考えていないものだ。お客様は付加価値を高めることに興味はないよ」と考える反対派キーマンがいたとする。この場合、「高い付加価値に喜んでお金を余分に払う」というお客様を見つければ、反対派キーマンの考えが大きく変わり、一転して強力な賛成派になることも多い。

また本当に困っていたら、素直に"I need your help!"と言ってもいい。

「こんな問題を解決したい。こんな仮説を考えてこうやって検証してみました。どう思いますか？　正直、困っていて、アドバイスが欲しいのですが……」というように、相談モードで持ちかけることだ。相手を味方に引き入れ、同じ立場で考えてもらえるようにすれば、相手もアイデアを出してくるし、一人では思いもよらなかった解決策も生まれてくるものだ。

しかしまれに、感情や悪意で反対するだけの「悪性の反対派」もいる。このような反対派キーマンに関わっているとプロジェクトは停滞するだけだ。この人がいなくてもプロジェクトが進むように、できる限り迂回《うかい》策を考えることが必要だ。

場合によっては、人の見極めも大切なことなのだ。

問題16「部下がネガティブで動いてくれません」
⬇部下の資質の「いい面」を活かそう

本書はチームリーダーも読者として想定している。こんなことで悩んでいる人もいるはずだ。

『部下に新しいことを始めようと言っても、ネガティブで動いてくれません』

人には一人一人資質がある。人の資質がいいか悪いかを決めるのは、見る人次第だ。

私があるチームの新任リーダーになった時、こんなことがあった。

前任者から「Aさんには多分苦労するよ。チームでも浮いているし、新しい仕事をお願いしても、自分の仕事以外やろうとしないから」と言われた。

Aさんとじっくり話して意外なことがわかった。一見頑固な彼は、自分の仕事を完璧にこなすために日々努力しており仕事の質が高いのだ。その一方、チームでメンバーがお互いに助け合うのを見て「だらしないなぁ。自分の仕事がちゃんとできていないからだ」と内心憤っていた。Aさんは、意識が高いプロフェッショナルだったのだ。

Aさんを前任者から見ると「チームワークができない浮いている人」。

私から見ると「高い意識を持つプロフェッショナル」だったということだ。

このように、個人の資質に「いい」「悪い」はない。あくまでそこに「性質」があるだけだ。ちょうど火に温める機能がある一方、火事の原因にもなるのと同じだ。人は一人一人すべて異なる。リーダーは、その人の資質を理解した上で、その人の良さを引き出したいものだ。

チームリーダーに求められるのは、チームメンバーの力を通して、組織で高い成果を挙げることだ。リーダーが一人一人の違いを理解し、良い面を引き出せば、一人一人の力は増幅され、チームはより大きな成果をムリなく挙げることができる。

そのためには、時間をかけてメンバー一人一人と対話し、その人がなぜそのように考えるのかを、その人の立場でじっくりと理解することだ。その人は、その人しか持っていない「その人の真実」を必ず持っているのだ。

「この人はネガティブだ」と決めつけるのは、ダイヤモンドの原石を石ころと鑑定してしまうのと同じ。もったいないことだ。その人がネガティブに見えるのは、何か新しいことに挑戦する際に、普通の人には見えない様々なリスクが予想できてしまうからかもしれない。その人は「未来の様々なリスクを普通の人よりも確実に見通せる」という得がたいリスクマネジメント能力の持ち主かもしれない。これは、新しいことを始める際にはとても役立つ。まずは対話してみて、「この人はなぜそう考えるのか」とその人の立場で理解することだ。

問題17「ウチもやりたい。ポイントは？」

➡挑戦と失敗の学びを奨励する

「トルネード式仮説検証」は経営者やマネジメントにとって魅力的だ。実践すると、組織の仕事スピードが速くなり、社員が自ら「コレやりたい！」と考え自発的に動くようになり、組織も「衰退パターン」から「成長パターン」に変わっていく。「ウチの組織でもぜひやりたい」と考える人も多い。

本書は、現場で仕事を行うリーダーやマネージャーの視点で書いているが、ここでは彼らに仕事を任せる立場にある経営者やマネジメントが考えるべきポイントを簡単に述べたい。

まず、社員の自発的なやる気を重視することだ。経験豊富な上の立場から見ると、社員が「こうやりたい」と言ってきても、「それをやったら危ない」「それは失敗するよ」と感じることも多いはずだ。しかし人は体験から学ぶものだ。実際にやってみて、試行錯誤から学べることは多い。さらにかつての自分の経験では「失敗する」と思っていても、時代が変わって実は成功することも少なくない。だから成功の可能性が五分五分ならば、思い切って任せてしまうことだ。

ここでマネジメントが行うべきは細かな管理ではない。「コレやりたい！」と言ってきたチームにお墨付きを与え、任せることだ。任せる際には「これだけの予算範囲内ならＯＫ」とか「いついつまでに成果を挙げるように」というように、あらかじめ許容範囲を決めることだ。許容範囲内であれば失敗も大きな痛手にはならない。むしろ挑戦から学ぶことで社員が成長する。

「トルネード式仮説検証」では、失敗からの学びを蓄積し、スピーディに動くことが重要だ。成功には徹底的にこだわるべきだが、新しい挑戦ほど失敗の可能性も大きい。だから失敗を責めてはいけない。むしろ失敗からの学びを積極的に奨励し、共有することだ。「メンバーが何を学び、どう変わり、いかに仕事のスピードが上がったか？」を見る。むしろ失敗を隠したり、失敗から何も学ばないことを責めるべきだ。

「当社で『コレやりたい！』と自発的に言う社員がいるだろうか？」と考えるマネジ

メントもいるかもしれない。どんなに低迷する組織でも、10人中1人くらいはやる気がある社員がいるものだ。ただ「衰退パターン」に陥っている組織では、そんな社員はやる気を隠しているので見えてこない。彼らが表に出てくるかどうかは、トップのリーダーシップ次第だ。いかに明確な方針と本気度を示すかが問われる。

トップが方針を出し続ける一方で、外部の識者により講演や研修を行って「気づき」のきっかけを作ることも一つの方法だ。社内の人間だけでなく、外部の第三者からも別の視点で問題提起することで、より多くの社員が気づきを得られることも多い。たとえ少人数でも「気づき」を得たら、しめたものだ。気づきを得たメンバーの自主性に任せ、最初は小さな取り組みを始め、小さな成果を生み出す。それを次第に大きな取り組みに広げていく。これが組織を変えていくことにつながっていく。

人事評価も、挑戦せず失敗しない者が評価される「減点評価」ではなく、挑戦した者が評価される「加点評価」に変える必要がある。

失敗をおそれず、新しい挑戦をする人材をじっくりと育てていくことが重要なのだ。

問題18「いくら言っても動かない」

➡KYな人を抜擢、行動も一致させよう

「もっと失敗をおそれずに、新しいことに挑戦しようよ」と言い続けていても、部下や現場の人がなかなか動かずに悩むトップやリーダーは多い。あるいは「任せる。どんどんチャレンジしよう」と言っているのにもかかわらず、ことあるごとに「コレ、やってもいいですか？」と許可を求めてくる部下もいる。

ひとつの理由は、部下がリーダーの言葉を信じていないからだ。「失敗をおそれずに新しいことに挑戦しよう」と言っても、「でも新しい挑戦で失敗するとマイナス評価になるのでは？」とおそれ、「失敗して自分の責任になるのは嫌だ。リスクは避けよう」と考えるのだ。

もしあなたの職場が、失敗した社員に対しマイナス評価をしていれば、この部下は実は正しい行動をしている。「人事」は会社員最大の関心事。ましてや自分の評価な

らばなおさらだ。

部下は見ていないようで、実に正確に組織やリーダーの行動を見ている。組織とリーダーの言葉と、実際の行動が乖離しているのかもしれない。だから言葉で言うだけでなく、行動も一致させることが必要だ。

たとえば「自分のお気に入りの部下」や「イエスマン」だけを抜擢《ばってき》するのではなく、あえてＫＹで上に厳しいことでも正論を言う人を抜擢し、新しいことを任せる。実績を挙げたら、ちゃんと評価し処遇する。失敗してもマイナス評価せず、挑戦した結果をプラス評価する。それを続ける。

言葉だけでなく、リーダー自らがこのように行動し続けることで、部下の考え方も次第に変わり、組織も徐々に変わっていくはずだ。

おわりに　トルネードを巻き起こそう！

私が主宰する朝活勉強会「永井塾」でトルネード式仮説検証についてお話しした時のこと。中堅の専門商社で副支店長をしている豊岡さんから質問がありました。

「ウチの支店はすべてが場当たり的で、営業マンはやる気を失い、業績も低迷しています。まず何から始めればいいでしょうか？」

豊岡さんの表情から、切羽詰まった危機感が感じられました。

「すべてを一度に改善するのは難しいので、まずご自身で仮説を考えて動いてみては？　それを小さなチームに広げ、範囲を絞り込んで仮説検証を始めるとよいですよ」とお答えしました。

翌月の永井塾。豊岡さんは前回よりも明るい表情になっていました。

翌々月、豊岡さんからメールが届きました。「トルネード式仮説検証」により、現場のビジネスが短期間で数字の上でも劇的に改善し、かつ仕事も楽しくやりがいがあるものに変わることが具体的にわかる内容でした。ご承諾をいただき、一部を紹介します。

10月の勉強会から気づきの日々です。

当初は最悪の状況で、私だけでなく組織が結果を出せずにいました。私は何から手をつけてよいかわからず、支店長も困り果てていて、同僚の副支店長はモチベーション下がりまくり……。営業マンたちへの指示も「これ売ってきてください」というだけで具体的な指導ができていませんでした。様々探している中で、永井塾でトルネード式仮説検証の話があると聞き、申し込みました。

「自分たちは仮説を立てて検証する作業なんてやってない。何か変わるのでは……」

そう感じたことを覚えています。

まず私個人の販売プロセスを検証し、多くの気づきがありました。そして支店13人の営業マン全員で仮説検証を開始。誰も自分の進捗《しんちょく》状況を把握していませんでした。そこで商品を紹介するお客様を「アプローチ先」、話が進行中のお客様を「ターゲット先」、商品デモを実施したお客様を「デモ実施先」と決めました。

進捗状況は一覧表にまとめ、メーカー担当者と共有できるようにしました。

以前よりメーカー担当者から「商品デモを実施して下さい」と言われていました。よく聞くと、メーカーの統計で「商品デモ実施先の6割は導入する」という数字があると判明。そこで「営業活動では、まずはお客様から商品デモを獲得し、その6割を成約する」を目標に決めました。この時点で成約は2件のみ。

では、アプローチ先から商品デモを獲得するにはどうするか？　必死に考え、メーカー担当者とも話した結果、「当社営業マンは、お客様目線でコスト削減を提案する。メーカー担当者は、商品を見せて特長を訴える」という方針を決めました。

こうして成約は7件に増えました。結果を検証すると、成約案件では商品デモをメーカー任せにせず、当社営業マンが同席して契約締結していることがわかりました。これで勝利の方程式が見えてきました。

当社営業マンは、「お客様視点でコスト削減提案、成約までその姿勢を保つ」。
メーカー担当者は、「商品のよさをキッチリ伝える」。
全体の営業の流れはこうなります。

アプローチ先→提案→商品デモアポ→デモ実施（営業マン同席）→営業マンの言葉で契約締結

勉強会の1ヶ月後。私自身に変化が現れました。とにかく気づきが多く、「これができれば売れる！」という確信が得られました。成約できなかった案件も学び・経験として蓄積でき、「失敗は貴重な財産だ」と前向きに考えられるようになりました。

ここで進捗状況の見える化をしました。

アプローチ先　70件

デモ実施先　19件（デモ獲得率　27%）
成約件数　11件（成約率57%）

数字化して、やるべきことが見えてきました。成約率は、メーカーの統計「デモ実施の成約率6割」まであと一歩。デモ実施から成約までに何らかの課題があります。またデモ獲得率が低いのは提案力不足の可能性が高いと考え、「営業スキル以前に表現力が不足している」と仮説を立てて、営業マンの表現力向上を図りました。

そして表現力と提案力を培うために別商材の販促をかけたところ、同規模の販売店の中でダントツの発注数を叩《たた》き出すことができました。私たちは提案力を向上でき、メーカー担当者は社内で評価され、お客様はよい商品を使うことができました。

すべては10月の永井塾がターニングポイントでした。２ヶ月間、自分なりの仮説検証を行い、実に多くの気づきが得られました。

何よりも嬉《うれ》しいのは、同期であるもう一人の副支店長の調子も上がり、上司である支店長からも任されるようになったことです。今後は、今月の永井塾で話があった「売れる組織作り」も視野に入れ、進めていきたいと考えています。

直近の課題は、「表現力を磨き、提案力を向上する」「仲間を作る」「商品の販売」。中長期的な課題は、「結果の出せる組織作り」。

大きなトルネードの中に、いくつもトルネードがある……。仮説検証はまるで小宇宙ですね。いまは、新たなスタートを切ったという気持ちで一杯です。営業所のメンバーにはまだまだ伸びしろがあります。全員が成長できるようにトルネードを巻き起こしてまいります。

誰もが、必ず自ら変わる力を持っています。

まずは危機感を持つ。そして一歩を踏み出す。そうすればすべてが変わってきます。

本書は、実に多くの方々による協力の賜物です。

取材では、ジャパネットホールディングスの髙田旭人さん、植木佑衣さん、町田敦さん、阿部千鶴さん、屋久倫太郎さん、日本マクドナルドの下平篤雄さん、河南順一さん、長谷川崇さん、蟹谷賢次さん、玉川岳郎さん、ソラコムの玉川憲さん、田渕恭子さんから多大なる示唆をいただきました。

また本書は数多くの企業の皆様と、ともに取り組み、悩み、学んできた成果物です。機密保持の関係で残念ながら一人一人のお名前は挙げられませんが、深く感謝しております。

朝活勉強会「永井塾」の皆様からも、企画段階から貴重なご意見をいただきました。ドラフト段階の本書を事前公開するというプロジェクトに参加いただいた１００名以上の皆様からは、読者目線で数多くの貴重なアドバイスをいただきました。ありがとうございました。

本書も次の「あるべき姿」を目指して、進化させていきたいと考えています。

皆様からのご意見・アドバイス・叱咤《しった》激励をお待ちしております。

2018年3月、川崎にて

永井孝尚

参考資料

〈第1章〉

- **『東芝 原子力敗戦』大西康之著（文藝春秋）**

東芝がどのようにして破綻の淵まで追い詰められたのか、取材を通してその軌跡を克明に追っています。

- **『失敗の本質――日本軍の組織論的研究』戸部良一ほか著（中公文庫）**

ノモンハン事変から第二次世界大戦までの旧日本軍の戦いを追いながら、日本の組織が失敗に陥るパターンを分析しています。インパール作戦や台湾沖航空戦についても分析されています。

- **『「空気」の研究』山本七平著（文春文庫）**

日本研究の第一人者である山本七平氏が、合理的な判断よりも、「空気」を最優先して非合理的な判断をする日本の組織について考察しています。

- **『「関係の空気」「場の空気」』冷泉彰彦著（講談社現代新書）**

平成の『「空気」の研究』ともいうべき著書。

- **『「司馬遼太郎」で学ぶ日本史』磯田道史著（ＮＨＫ出版新書）**

司馬遼太郎の著作をもとに、日本の歴史から日本人の本質を探っていく本。明治維新を成し遂げた人たちについても考察しています。

- **ＮＨＫスペシャル「戦慄の記録 インパール」**

インパール作戦がなぜ立案されたのか、どのような経緯を辿ったのかを、克明に取材しています。

●『**情報なき国家の悲劇 大本営参謀の情報戦記**』**堀栄三著（文春文庫）**

台湾沖航空戦で「大戦果は怪しい」と考え、現地で調査した情報将校による著書。なぜ日本の組織はともすると事実を軽視するのかを、旧日本軍や自衛隊で情報参謀を務めた現場目線で描いています。

●『**衰退の法則——日本企業を蝕むサイレントキラーの正体**』**小城武彦著（東洋経済新報社）**

日本企業が衰退する理由を、事例を通して分析しています。実は成長企業と衰退企業には共通する部分が多い一方で、大きく異なるのは、成長企業は合理性が重視されるのに対し、衰退企業は非合理的に考える点だと述べています。この指摘は、『失敗の本質』と一致しています。

●『**日本の優秀企業研究**』**新原浩朗著（日本経済新聞社）**

数多くの事例研究を通して、日本の優秀企業の特質を分析しています。本書の冒頭で、その結果を次の言葉でまとめています。「自分たちが分かる事業を、やたら広げずに、愚直に、真面目に、自分たちの頭できちんと考え抜き、情熱を持って取り組んでいる企業」

●『**セブン-イレブン 終わりなき革新**』**田中陽著（日経ビジネス人文庫）**

日本経済新聞で長年セブンを取材してきた記者による、セブンに関する渾身の著書。

〈第2章〉

●『**世界標準の経営理論**』**入山章栄著（ハーバードビジネスレビュー 2017年8月号）**

本章で紹介した3つの競争環境は、経営学者のジェイ・バーニーが分類したものです。「シェア独占で圧倒的に儲ける市場」は「産業構造型」、「各社横並び競争の市場」は「チェンバレン型」、「不確実性が高い市場」は「シュンペーター型」が正しい名称ですが、本書ではよりわかりやすく名称を変えてご紹介しています。詳しくは当記事で紹介されていますので、ご興味がある方はぜひ。

●『**菊と刀**』**ルース・ベネディクト著／長谷川松治訳（講談社学術文庫）**

第二次世界大戦終戦間近に、米軍の委託を受けた著者が書いた日本人の研究書です。「罪の文化、恥の文化」について言及されています。

●『**企業変革力**』**ジョン・P・コッター著／梅津祐良訳（日経BP社）**

組織が変革を行う上での8段階について紹介されています。その第1段階は「危機感を持つこと」。第2段階は「問題意識を共有する少人数チームを作ること」。トルネード式仮説検証も、まさに組織変革の一つの方法であり、本書の方法論を応用したものなのです。

●『**アダプト思考**』**ティム・ハーフォード著／遠藤真美訳（武田ランダムハウスジャパン）**

失敗から学ぶための3つのステップが紹介されています。

●『**ゼロ・トゥ・ワン 君はゼロから何を生み出せるか**』**ピーター・ティール著／関美和訳（NHK出版）**

スタートアップ企業が、まったくゼロの状態から新しいものを作る際には、同じ考えを共有する少人数チームを作ることが重要であることを述べています。

●『**そうだ、星を売ろう**』**永井孝尚著（KADOKAWA）**

「日本一の星空の村」として全国ブランドになった阿智村の挑戦を、小説スタイルで紹介しています。

●『**仮説思考**』**内田和成著（東洋経済新報社）**

仮説思考のための実践的な方法論が紹介されています。たとえばある化学者の例が挙げられています。実験後に論文を書くのではなく、実験前に大雑把な結果の仮説を立てて論文を書いた上で実験を行い、もし差異が出たらその理由を検証することで、この化学者は大きな成果を挙げています。ビジネスでも、緻密な分析で戦略を立てるのではなく、あらかじめ大雑把な仮説で戦略を作ることでスピードと精度が格段に上がるのです。

●『成功はゴミ箱の中に　レイ・クロック自伝』レイ・クロック、ロバート・アンダーソン著／野崎稚恵訳（プレジデント社）

マクドナルドを世界一のハンバーガーチェーンに育てた創業者レイ・クロックの自伝です。レイ・クロックがマクドナルドに出会い、ビジネス化を考えたのは50代になってから。挑戦はいくつになっても決して遅すぎることはないのです。

●『さあ、才能《じぶん》に目覚めよう　新版ストレングス・ファインダー2・0』トム・ラス著／古屋博子訳（日本経済新聞出版社）

「人は誰でも先天的な才能を持っている。先天的な才能を活かすことが、個人の成功につながる」と提唱し、個人の資質を34個に分類しています。巻末のアクセスコードを使って、ネットの「ストレングス・ファインダー2・0」にアクセスすれば、自分の資質の上位5つを判定できます。自分だけでなく、チームメンバーの資質を理解する上でも、活用できます。

●「ダラダラ続く会議、原因は多すぎる人数か」(*The Wall Street Journal, 2016. 12. 23*)

会議には適正な人数がある、と述べています。「7名ルール」も紹介されています。

永井孝尚

ながい・たかひさ

マーケティング戦略コンサルタント。1984年に慶應義塾大学工学部を卒業後、日本IBMに入社。マーケティング戦略のプロとして事業戦略策定と実施を担当。さらに人材育成責任者として人材育成戦略策定と実施を担当し、同社ソフトウェア事業の成長を支える。2013年に日本IBMを退社し独立。ウォンツアンドバリュー株式会社を設立して代表に就任。執筆の傍ら、幅広い企業や団体を対象に新規事業開発支援を行う一方、講演や研修を通じてマーケティング戦略の面白さを伝え続けている。

主な著書に、シリーズ累計60万部の『100円のコーラを1000円で売る方法』『戦略は「1杯のコーヒー」から学べ!』『そうだ、星を売ろう』(すべてKADOKAWA)、10万部の『これ、いったいどうやったら売れるんですか?』(SB新書)、『「あなた」という商品を高く売る方法』(NHK出版新書)などがある。

ライフワークの写真では、都内著名ギャラリーで数多くの個展を開催する一方で、写真雑誌での連載も行っている。

永井孝尚オフィシャルサイト takahisanagai.com

ブックデザイン　鈴木成一デザイン室
写真　野口 博
DTP　美創

売れる仕組みをどう作るか

トルネード式 仮説検証《PDCA》

２０１８年４月５日　第１刷発行

著者　永井孝尚

発行人　見城 徹

発行所　株式会社 幻冬舎
〒１５１-００５１ 東京都渋谷区千駄ヶ谷４-９-７
電話　０３（５４１１）６２１１（編集）
０３（５４１１）６２２２（営業）
振替　００１２０-８-７６７６４３

印刷・製本所　図書印刷株式会社

検印廃止

 ISBN978-4-344-03282-8 C0095

幻冬舎ホームページアドレス http://www.gentosha.co.jp/

この本に関するご意見・ご感想をメールでお寄せいただく場合は、comment@gentosha.co.jpまで。

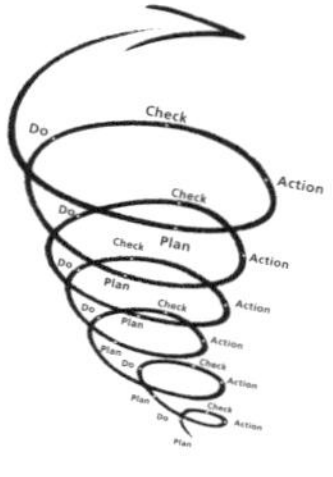